www.tredition.de

AF196070

Ich widme das Buch Marion, Lisa, Alex, Natalie, Laura, Svenja, Anna, Janine und Jenny vom Junghexentreff.

Ich danke den treuen Leserinnen und Lesern meiner Astrotipps, die mich ermutigen, immer weiter zu schreiben.

Monika Molitor

Astrologie für Junghexen

Mit den Sternen leben

www.tredition.de

© 2020 Monika Molitor
Umschlag, Illustration: pixelio
Lektorat, Korrektorat: Jutta Schaller

Verlag & Druck: tredition GmbH, Halenreie 40-44, 22359 Hamburg

ISBN
Paperback   978-3-7497-1816-0
Hardcover   978-3-7497-1817-7
e-Book   978-3-7497-1818-4

Inhaltsverzeichnis

1 – Einleitung

Seit sechs Jahren schreibe ich Astrotipps. Mal täglich, mal als wöchentliche Vorschau, mal als Jahresvorschau. Die tagtägliche Ausdeutung von Sonne, Mond und Sterne geben meinem Leben einen tieferen Rhythmus, den ich nicht mehr missen möchte. Die Astrotipps schreibe ich also nicht nur für meine Leser und Leserinnen, sondern für mich selbst, zum tieferen Verständnis meines Lebens, meiner täglichen Stimmungsschwankungen, des monatlichen Laufs des Mondes und des Jahreslaufs der Sonne und der Sterne.

Dieser kleine Astrologiekurs soll eine kurze Einleitung in die Astrologie geben. Er ersetzt keine Horoskopdeutung und er ersetzt keinen astrologischen Kalender, kann aber gut als Ergänzung zu einem Horoskop, Kalendern und Astrotipps im Internet gelesen werden. So können die Erkenntnisse aus einer astrologischen Beratung vertieft und erweitert werden. Die ersten Texte geben einen allgemeinen Einstieg in die Astrologie und beschreiben, auf welchem Weg sich leicht erste astrologische Kenntnisse aneignen lassen.

Ich duze meine Leserinnen und Leser, da aus der Arbeit mit den Junghexen diese Texte als Unterrichtsmaterialien entstanden sind, für die jungen Frauen, die anfangs viel in meinen Kursen waren. Ebenso duze ich die Leserinnen und Leser meiner Astrotipps.

Der Text „Einführung zur Astrologie" ist am leichtesten zu verstehen, wenn du deine oder einfach irgendeine Horoskopzeichnung hast und daneben legen kannst. Der Text erklärt die Grundbestandteile einer Horoskopzeichnung und erste wichtige astrologische Grundbegriffe.

Danach kannst du den Text „Leben mit einem Mondkalender" lesen. Er ist ziemlich lang, aber dafür in lockerem Ton geschrieben. Er gibt dir einerseits ein Beispiel, wie Astrologie in den Alltag integriert werden kann. Du bekommst einen praktischen Eindruck davon, was es heißt, mit den astrologischen Rhythmen zu leben. Zum anderen lernst du durch den Text die 12 Sternzeichen oder Tierkreiszeichen kennen. Du siehst am Beispiel des Mondes in den 12 Zeichen, wie sich die Astrologie diese Sternzeichen genauer vorstellt.

Dann spielt es keine Rolle, ob du zuerst den Text „Die 12 Häuser im Geburtshoroskop" oder den Text über die Planeten liest. Beide Texte beziehen sich aufeinander, so dass du beide zweimal lesen solltest bzw. erst im 2. Durchgang ganz verstehen wirst. Wenn ich die Häuser beschreibe, muss ich Beispiele von Planeten in den Häusern bringen und andersherum. Es fiel mir daher sehr schwer, die beiden Texte völlig zu trennen oder so zu verfassen, dass sie unabhängig voneinander lesbar sind.

Anschließend findest du einen Text, der beispielhaft eine mögliche Kombination von Planet und Sternzeichen in den 12 Häusern durchspielt. So kannst du an einem Beispiel nachvollziehen, welche leichte Bedeutungsveränderung durch das jeweilige Haus zustande kommt. Am Ende des Buchs findet sich noch Texte über die Unterschiede zwischen Astrologie und Astronomie und zu den Themen Solar und Synchronizität, da oft nach diesen Themen gefragt wird. Auch die oft an mich herangetragene Frage, für welche Fragestellungen eher Tarot oder Astrologie zu befragen ist, erkläre ich in einem Text.

Das Buch wird dich nicht in die Lage versetzen, selbst Horoskope zu errechnen und zu deuten, aber es kann dir den Einstieg in die Astrologie erleichtern und du kannst es gut nutzen, um deine Horoskopdeutung und Astrotipps für den Lebensalltag besser zu verstehen.

Viel Spaß beim Lesen und allzeit gute Sterne wünscht dir

Monika Molitor

2 – Einführung zur Astrologie

Was ist Astrologie, was kann Astrologie sein und wo liegen die Möglichkeiten und die Grenzen der Astrologie? Vielleicht kennst du bis jetzt nur die Zeitungshoroskope und hast noch nie ein echtes persönliches Horoskop gesehen bzw. dein Geburtshoroskop von einem Profi ausrechnen und gut deuten lassen. Vielleicht liest du öfter Zeitungshoroskope, denkst aber gleichzeitig, was für ein Quatsch, oder denkst oft, dass das auf dich ja überhaupt nicht zutrifft. Was ist der Unterschied zwischen einem Zeitungshoroskop und deinem persönlichen Horoskop? Die meisten Zeitungshoroskope deuten nur die Beziehungen zur Sonne in deinem Geburtshoroskop. Ein volles persönliches Horoskop, das für den Moment deiner Geburt berechnet wurde, enthält aber außer der Sonne den Mond und alle Planeten unseres Sonnensystems. Außerdem verwenden die Astrologen solche Begriffe wie Aszendent oder Deszendent, vielleicht hast du das auch schon einmal gehört.... Der folgende Artikel soll einen ersten Eindruck vermitteln, was zu einem vollständigen, ernsthaften Horoskop gehört und wie du dich in einer Horoskopzeichnung zurechtfinden kannst. Einige Internetdienste bieten an, sich Horoskope ausrechnen zu lassen. Sie machen das oft kostenlos, weil fast niemand von selbst etwas mit dieser abstrakten Zeichnung etwas anfangen kann. Die Zeichnung soll nur die Lust darauf wecken, sie auch erklärt und gedeutet zu bekommen. Dafür muss man dann natürlich etwas zahlen, denn ein Horoskop richtig zu deuten macht viel Arbeit.

Die meisten Menschen verstehen unter Astrologie die Berechnung und Deutung von Horoskopen. Mit Astrologie zu leben, kann aber viel mehr sein. Dazu findest du später mehr im Text zum Mondkalender. Zum Berechnen von Horoskopen gibt es inzwischen sehr gute und auch recht preiswerte PC-Programme für Astrologen. Aber es gibt bis heute noch kein wirklich überzeugendes Programm für die Deutung des Horoskopes. Es gibt nur mehr oder weniger gute Programme, die Textbausteine zur Deutung vorschlagen und wahllos kombinieren. Diese sind aber sehr zusammenhangslos und müssen dann in ein paar Stunden Arbeit überarbeitet, angepasst und zusammengesetzt werden, wenn ein persönlicher und sinnvoll lesbarer Text dabei herauskommen soll. Idealerweise sollte dann ein Gespräch mit dem Astrologen oder der Astrologin folgen, indem Fragen geklärt und Dinge besser erklärt werden können. Nur im persönlichen Kontakt mit der ratsuchenden Person merkt die Astrologin oder der Astrologe, wie weit die Person die Erklärungen versteht und die Chancen, die in ihrem Horoskop liegen, schon verwirklicht hat. Dieser persönliche Kontakt kann auch am Telefon oder per Email erfolgen, die ratsuchende Person sollte aber auf alle Fälle die Möglichkeit haben, bei der gleichen Astrologin / dem gleichen Astrologen erneut nachzufragen. Das ist bei den meisten anonymen Hotlines nicht gegeben.

Zur Berechnung eines Horoskopes braucht man den Ort des Ereignisses, die genaue Uhrzeit und das Datum. Am häufigsten wird ein Horoskop auf den Moment der Geburt eines Menschen ausgerechnet. Das nennt man dann „sein Horoskop". Man kann aber auf jeden beliebigen Zeitpunkt und zu vielen Ereignissen ein Horoskop ausrechnen lassen, z.B. auf einen Moment eines Vertragsabschlusses, einer neuen Idee oder eines Todeszeitpunktes, auf die Mondlandung, den Mauerfall oder einen Heiratsantrag.

Ein Horoskop besteht zunächst aus einer Zeichnung, die eine Ansammlung von Symbolen und Zeichen ist, die man erst lesen lernen muss. Die Deutung des Horoskops, also seine Übersetzung in Worte, ist ein kompliziertes Abwägen viele Aspekte, die miteinander vernetzt sind und sich gegenseitig beeinflussen. Wenn du dein Horoskop schon einmal hast ausrechnen lassen, dann hilft es dir vielleicht, wenn du es beim weiteren Lesen neben dem Text liegen hast. Dann kannst du versuchen, beim Lesen in der Zeichnung zu finden, was ich hier beschreibe. Leider kann ich dir auf diesem Wege nicht helfen, dein Horoskop inhaltlich zu deuten. Dazu musst du in eine gute astrologische Beratung gehen...

Was sind nun die Grundzutaten einer jeden Horoskopzeichnung? Die drei wichtigsten Hauptelemente eines Horoskops sind der Tierkreis mit den 12 Tierkreiszeichen oder Sternzeichen, die Planetenstände und der Aszendent mit dem Häusersystem. Der Tierkreis mit den Tierkreiszeichen wird in einer Horoskopzeichnung meist als äußerer Kreis eingezeichnet. Dabei nimmt jedes Tierkreiszeichen bzw. Sternzeichen 30 Grad, also genau ein Zwölftel des Kreises ein. (Am Himmel ist das anders, da sind die Sternzeichen durchaus unterschiedlich lang und breit.) In die Tierkreiszeichen werden die Planetenstände z.B. zu deiner Geburt eingezeichnet. Für Astrolog*innen sind die wichtigsten Planeten auch Sonne und Mond und die großen Planeten unseres Sonnensystems:

Der leere Tierkreis

Von der Sonne aus nach außen aufgezählt sind das: Sonne, Merkur, Venus, Mond, (Hier käme eigentlich die Erde, sie wird nicht eingezeichnet, sondern ist der Ort des Horoskops selbst.) Mars, Jupiter , Saturn, Uranus, Neptun und Pluto. (Außerdem kommen evtl. noch ein paar Kleinplaneten hinzu und ein paar theoretische Energiepunkte.) Diese Planeten laufen unterschiedlich langsam durch den Tierkreis, je weiter weg von der Sonne, umso langsamer. Die Energie der ewigen Tierkreiszeichen kannst du nur vermittelt und gefärbt durch die Planeten erfahren, die zu deiner Geburt im jeweiligen Zeichen stehen. War ein Sternzeichen bei deiner Geburt „leer", wird es dir wahrscheinlich fremder bleiben, als ein Zeichen, in dem zum Zeitpunkt deiner Geburt ein Planet stand. Außerdem können noch die Winkel interpretiert werden, die die Planeten zueinander bilden, sie werden Aspekte genannt. Die Aspekte drücken das Wechselspiel der Planetenkräfte zueinander aus, ob sie sich harmonisch oder eher spannungsreich zueinander verhalten. Die Wirkung der Planetenkräfte kann sich untereinander z.B. verstärken oder eher blockieren.

Der Aszendent ist das Tierkreiszeichen, das bei deiner Geburt oder bei dem jeweiligen Ereignis über dem Horizont aufging. (Abkürzung meist AC, von lateinisch ascendere, hinaufsteigen) Er wird im Horoskop meistens in der Mitte des Tierkreises als waagerechter Strich eingezeichnet. Dabei wird der Tierkreis mit den Sternzeichen im Bild so gedreht, dass die Stelle des Aszendenten links im Bild landet. Der Aszendent (mit dem ersten Haus) zeigt den Bereich des „Ichs" im Horoskop an, die Art oder die Medien, mit denen du dich am besten ausdrücken kannst und wie du in die Welt kommst. Jemand mit Wassermann-Aszendent schreibt z.B. gerne, jemand mit Krebsaszendent macht gerne Musik oder jemand mit Stieraszendent malt gerne usw.

Die andere Seite dieses Striches wird Deszendent genannt (abgekürzt DC, von lateinisch descendere, hinabsteigen). Sie bezeichnet die Stelle im Tierkreis, die zum Zeitpunkt deiner Geburt gerade unter dem Horizont verschwand. Der Deszendent bezeichnet den

Bereich des „Du" im Horoskop, also mögliche Beziehungsmuster von dir und Kräfte, die du immer eher in anderen als in dir selbst wahrnimmst. Dieser waagerechte Strich, der die Achse von Aszendent und Deszendent in deinem Horoskop darstellt, ist die eine Hauptachse des Häusersystems. Der Aszendent ist wie ein flüchtiger persönlicher Schatten, der sich über den Tierkreis mit den Planetenständen legt. Die Häuser bestimmen, in welchen Lebensbereichen sich die Kombination von Tierkreiszeichen und Planetenstand für dich auswirken kann.

Die folgende Seite zeigt exemplarisch eine Horoskopzeichnung.

Der äußere Kreis ist der Tierkreis. Er beginnt am Zeichen Widder.

Dieser ist so gedreht, dass der Aszendent Fische und der Deszendent Jungfrau als Achse in der Waagerechten liegen.

Im nächsten inneren Kreis sind die Häuser eingezeichnet. Dann sind die Planeten eingezeichnet und das Strichewirrwarr in der Mitte sind die Winkel, die die Planeten bilden, das sind die Aspekte.

(Quelle der Grafik, Wikipediaartikel über Astrologie, Abruf am 22.3.2020 um 12:33 Uhr)

Die Symbole der Planeten und Sternzeichen findest Du weiter hinten.

17

Wenn z.B. zwei Menschen am gleichen Tag im gleichen Jahr geboren worden sind, so haben sie jedoch nur äußerst selten genau den gleichen Aszendenten und das gleiche Häusersystem. Nur dann sind sie auch „astrologische Zwillinge". Die zweite Hauptachse des Horoskopes ist meist schräg, manchmal auch fast senkrecht zur ersten Achse eingezeichnet. Deren oberes Ende heißt medium coeli (wieder lateinisch , Mitte des Himmels, abgekürzt MC), der höchste Himmelspunkt zur Geburtsstunde, sie steht für Deinen Beruf oder auch alles andere, was im Leben eine Berufung für dich darstellen könnte, wohin du wachsen könntest. Das untere Ende der zweiten Hauptachse heißt Inferior coeli (lateinisch die Tiefe des Himmels, abgekürzt IC). Es steht für deine Wurzeln, für deine Ursprungsfamilie. Diese zwei Hauptachsen teilen das Rund des Tierkreises in vier meist eher ungleiche Viertel, die noch mal gedrittelt werden, woraus die 12 Häuser entstehen. Sie werden vom Aszendenten aus entgegen dem Uhrzeigersinn nummeriert, du siehst in manchen Zeichnungen kleine Zahlen am inneren Kreis dafür.

Das Häusersystem kann nach verschiedenen Methoden berechnet werden, die erste Hauptachse des Aszendenten bleibt jedoch immer gleich. Die Häuser entscheiden, in welchem Lebensbereich sich die Planetenkräfte auswirken. So steht z.B. vereinfacht ausgedrückt das 4. Haus für deine Familie, das 10. Haus für deinen Beruf oder deine Berufung, das 7. Haus für den Bereich der Beziehungen usw. Einen ausführlichen Text zu den 12 Häusern findest du noch im Buch.

Sonne und Aszendent (AC) im Geburtshoroskop

Die Sonne in deinem Horoskop bestimmt zunächst die Aussage „Ich bin Jungfrau"- oder „Ich bin Krebs". Das heißt nämlich, dass die Sonne zu deiner Geburt in Jungfrau bzw. Krebs stand. Sie steht für einen wichtigen Kern deiner Identität, dafür, wie du dich selbst sehen und beschreiben kannst. Sie steht für deine bewusste Vorstellung von dir selbst. Jedes Sonnenzeichen stellt dir eine bestimmte Lebensaufgabe und bestimmt die Tierkreiszeichenenergie, zu der du im Laufe deines Lebens leicht Zugang bekommen kannst. Es drückt auch aus, wie du gerne wärst. Die Astrologen glauben, dass wir in unserer ersten Lebenshälfte mehr mit der Energie unseres Aszendenten leben und uns erst allmählich ab dem 40. Lebensjahr zur Energie unserer Sonne hin entwickeln.

Das wird aber in unserer Kultur dadurch verwischt, dass die meisten schon sehr früh erfahren, was für ein Sonnenzeichen, also war für ein Sternzeichen sie sind. Aber nur wenige Menschen erfahren (meist erst viel später), was für einen Aszendenten sie haben. Dennoch glauben die Astrologen, dass diese Kräfte so wirksam sind. Insofern ist es für Astrologen normal, wenn jüngere Menschen Schwierigkeiten haben, sich mit dem Sternzeichen zu identifizieren, in dem die Sonne steht. Junge Menschen sagen oft: „Ich soll ein Wassermann sein, ich fühle mich aber gar nicht so, ich bin doch gar nicht typisch Wassermann....!" Das kann daran liegen, dass der Aszendent ein ganz anderes Zeichen ist und zurzeit noch stärker im Vordergrund steht als die Sonnenkraft. Bei jüngeren Menschen ist der Aszendent oft noch wichtiger als die Kraft der Sonne. Das würden Astrolog*innen im Alter bis zu 30 Jahren auch noch für völlig normal halten. Ab dem 30. Lebensjahr wird die Kraft der Sonne immer stärker erfahrbar und ab dem 40. Lebensjahr tritt der Einfluss des Aszendenten langsam zurück.

Auch dass du dich in astrologischen Büchern evtl. schlecht wiedererkennen kannst, liegt vielleicht daran, dass sie wie auch die meisten Zeitungshoroskope meist zunächst von der Sonnenstellung ausgehen. Eine gesamte Deutung eines Horoskopes ist aber viel mehr als nur eine Interpretation der Sonne im Horoskop. Wenn du dir ein vollständiges Horoskop ausrechnen und deuten lässt, wirst du dich darin wahrscheinlich sehr gut wiedererkennen können. Es ist ein liebevoller Spiegel, in dem du dich sehen kannst, wie du bist. Du kannst außerdem darin sehen, wie du sein könntest, wenn du deine Energien voll entfalten lernst und deine chronischen inneren Konflikte annehmen lernst. Viele Menschen lehnen

Astrologie ab, weil sie fürchten, damit ein für alle Mal festgelegt zu werden, wie sie sind und sein sollen. Du kannst Astrologie aber auch ganz anders betreiben, so dass sie dir Entwicklungsmöglichkeiten aufzeigt. Du kannst mit Astrologie auch die Spannungen und Chancen in der Beziehung zwischen zwei Menschen beschreiben, wenn du ihre Horoskope vergleichst.

Lebensziel, Beruf, Berufung - Medium Coeli (MC) und das 10. Haus

Der MC ist der höchste Punkt im Horoskop und damit der Gipfelpunkt deiner persönlichen Entwicklung. Bis sich der MC verwirklichen lässt, bist du oft schon durch viele Erfahrungen gegangen. Du hast dich von deiner Familie gelöst, hast schon viele Beziehungen erlebt und verarbeitet und willst langsam wissen, was du als deinen Beitrag in die Gesellschaft einbringen könntest. Die Prägungen durch deine familiäre Herkunft (4. Haus) haben deiner Persönlichkeit zunächst eine Grundausrichtung und einen wichtigen Bezug gegeben. Im Laufe deines weiteren Wachstums, im Spiegel der Begegnung mit anderen Menschen und im Erleben von Liebe und Partnerschaft (7. Haus) musstest du dein Bild von dir selbst immer wieder überprüfen, dich von Fremdbestimmung befreien und deine Fähigkeiten und Talente soweit "entwickeln", dass du irgendwann zwischen 30 und 40 klarer als früher weißt, wer du bist und was dein Beitrag zum Ganzen ist. Der MC symbolisiert dein Bedürfnis, deinen speziellen Platz in der Gesellschaft einzunehmen und für deine Leistungen offizielle Anerkennung zu ernten. Dazu gehört das Bedürfnis, dass dein Beruf mit deiner Persönlichkeit übereinstimmen und dem entsprechen sollte, wozu du dich berufen fühlst, damit du aus deinem Zentrum heraus motiviert bist und den gewünschten Erfolg haben kannst.

Der MC kann außerdem einen Punkt aufzeigen, in dem sich der Weg vom Aszendenten zur Sonne am besten verwirklichen lässt. Was heißt das?

Wenn du beruflich unsicher bist oder noch nicht weißt, welcher Beruf dir liegen könnte, kann ein Astrologe aus der Mischung von Sonne, Aszendent und MC heraus einen Hinweis oder eine Beratung geben, für welche Art von Berufsrichtung du das beste astrologische Grundpotential hast.

Aktuelle Planetenenergien : Die Transite

Leben mit Astrologie hat viel damit zu tun, dass man sich mit seinem Horoskop genauer beschäftigt, sich dadurch selbst besser kennen und verstehen lernt. Wenn man länger bewusst mit der Astrologie lebt, bekommt man auch ein Gespür für die aktuellen Planetenbewegungen. Die Astrologen nennen das Transite. Was heißt das? Von einem Transit spricht man dann, wenn die aktuell weiter laufenden Planeten wieder energetische Punkte, also alte Planetenstellungen, aus deinem Geburtshoroskop berühren. Das kann bestimmte Energiekombinationen auslösen, Verstärkungen, Aktivierungen, Konflikte, Blockaden, Erfolgsphasen oder sogar Krisen. Die Planeten sind ja seit deiner Geburt nicht stehen geblieben, sondern auf ihrer Bahn immer weiter gelaufen, manche schneller, manche langsamer. Manche Überschneidungen treten sehr häufig auf. Der Mond durchläuft den Tierkreis einmal in ca. 29 Tagen. Mars und Venus brauchen ca. ein Jahr. Jupiter ca. 12 Jahre, Saturn ca. 29,5 Jahre, andere sehr viel länger, Uranus z.B. 84 Jahre, Pluto über 250 Jahre. Bestimmte Transite erlebt fast jede*r in seinem Leben, manche seltener, manche häufiger, manche sind aber so selten, dass sie gar nicht jede*r in seinem Leben erlebt.

Das bewusste Leben mit einem Mondkalender oder auch ein Leben mit regelmäßiger astrologischer Beratung und einer Beobachtung der aktuellen Planetenbewegungen kann dir helfen, dich noch besser zu verstehen und mit aktuellen Veränderungen in deinem Leben besser zurecht zu kommen. Viele Menschen suchen eine astrologische Beratung genau dann auf, wenn sie Transite haben. Sie spüren eine heftige Energie, die ihr Leben verändert und können es sich oft nicht erklären, warum gerade jetzt so viele schöne oder so viele schlimme oder so viele anstrengende Dinge passieren. Die Interpretation der Transite oder des täglichen Mondkalenders kann dir dabei helfen. So kannst du begreifen, welche Tage, Wochen oder sogar Monate oder Jahre günstig sind für bestimmte Veränderungen, Tätigkeiten oder Vorhaben. Die Beratung zu Transiten kann auch helfen, schwierige Lebensphasen besser zu verkraften. Insofern ist die Astrologie eng verknüpft mit der Auffassung, dass es für jedes Ding eine günstige und eine ungünstige Stunde gibt, also mit der esoterischen Lehre vom rechten Zeitpunkt.

Diese Interpretation der Transite kann außerdem genutzt werden, um eine zukünftige Veränderung vorherzusagen oder zu erahnen. Es geht aber sicher nicht darum, mit Astrologie die richtigen Lottozahlen zu ermitteln. Astrologische Vorhersagen dienen eher der bewussten Vorbereitung auf eine neue Lebensphase, so dass es z.B. leichter ist, sich mit bestimmten Entscheidungen auseinander zu setzen oder mit den eigenen Kräften besser haushalten zu lernen.

Bei sehr konkreten Entscheidungsfragen ist es jedoch oft besser, zu pendeln oder mit einem Tarotdeck zu arbeiten. Denn im Horoskop und im Transit siehst du eine abstrakte Energie, die sich nicht in Form einer einfachen ja / nein Antwort auf eine Frage deuten lässt.

Beziehungshoroskope

Eine weitere sehr interessante Anwendung der Astrologie ist es, Horoskope von zwei oder mehr Menschen miteinander zu vergleichen. Auch das verläuft in der seriösen Astrologie anders als in den üblichen Tratsch und Klatsch-Frauenzeitschriften unter der Astroberatung nach dem Motto „Wer passt zu wem?" Auch diese „WER passt zu WEM?"- Artikel gehen meistens nur vom Sonnensternzeichen aus, manchmal noch durch den Mond ergänzt. Alles andere würde ganze Bücher füllen und den Rahmen jeder

Zeitung sprengen. Die Horoskope zweier Menschen oder der Menschen in einer Familie zu vergleichen, ist mindestens so kompliziert wie die Deutung eines Horoskopes eines einzelnen Menschen. Wenn man die Horoskope von Familienmitgliedern, Liebespaaren oder Geschwistern vergleicht, kann man oft erstaunliche Dinge entdecken, z. B. wer sich mit wem „emotional gut versteht" oder wer mit wem bei welchen Themen oft Streit bekommt oder wer wen in welchem Bereich gut ergänzen kann usw. So eine astrologische Familienanalyse oder Paarberatung kann helfen, mit bestimmten immer wiederkehrenden Streits besser umgehen zu lernen oder sich gegenseitig besser kennen und akzeptieren zu lernen. Die Entscheidung, ob du mit jemandem leben willst oder nicht, kann dir die Astrologie aber nicht abnehmen. Den idealen astrologischen Partner / die ideale astrologische Partnerin gibt es nicht. Bei den meisten Beziehungshoroskopen gibt es harmonische und spannungsreiche Berührungspunkte zwischen den Partnern.

Vorschlag für eine Astrologische Grundübung:

Eine erste Grundübung, um dich mit deinem Horoskop zu beschäftigen, kann sein, dass du die Sternzeichen in deiner Familie und in deinem Freundeskreis erfragst und aufschreibst und zusammenstellst. Sehr wahrscheinlich wirst du feststellen, dass nicht alle Zeichen gleich häufig vertreten sind, sondern dass sich bestimmte Zeichen in deiner Umgebung häufiger finden, während du mit Vertretern anderer Zeichen kaum engere Kontakte hast.

Diese einfache Übung kann dein Gefühl dafür schärfen, dass „an der Astrologie etwas dran ist" und dass es kein Zufall ist, welchen Menschen du in deinem Leben begegnest. Aufgrund der Planetenenergien in deinem Horoskop ziehst du bestimmte Menschen eher an als andere. Die Astrologen glauben, dass das sogar für unsere Eltern gilt, also dass sich unsere Seele den Moment unserer Geburt und unsere Eltern vor der Geburt für eine bestimmte Lebensaufgabe ausgesucht hat.

Hier die Symbole für die Tierkreiszeichen und die Planeten

Aries Widder

Taurus Stier

Gemini Zwillinge

Cancer Krebs

Leo Löwe

Virgo Jungfrau

Libra Waage

Scorpio Skorpion

Saggitarius Schütze

Capricorn Steinbock

Aquarius Wassermann

Pisces Fische

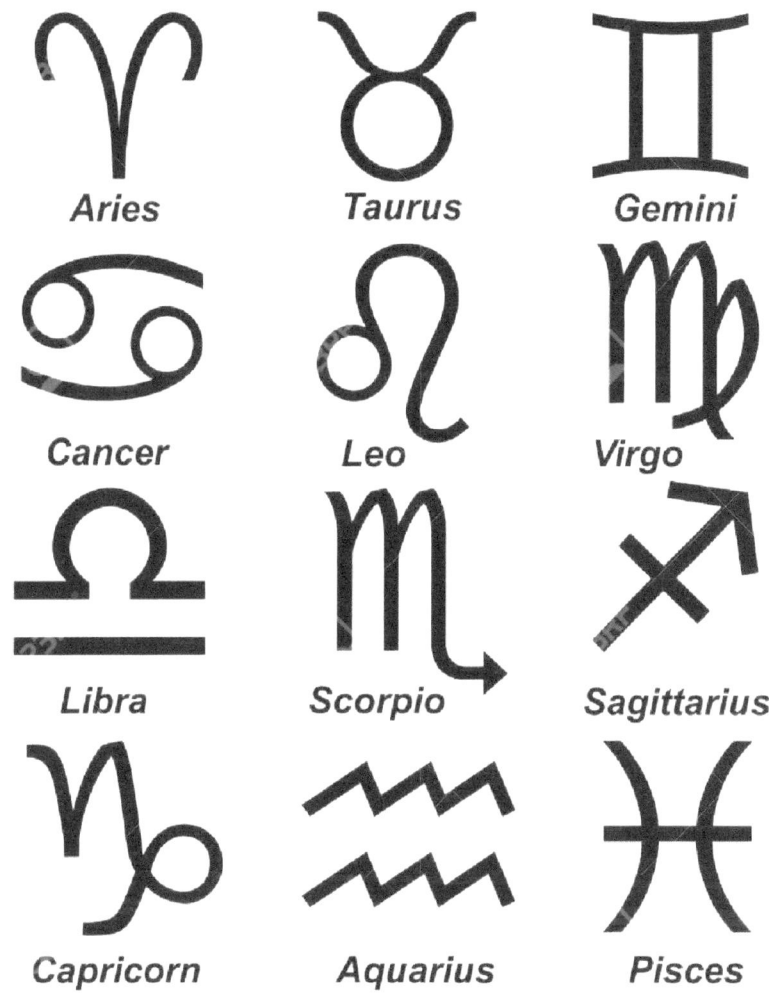

Aries Taurus Gemini

Cancer Leo Virgo

Libra Scorpio Sagittarius

Capricorn Aquarius Pisces

2.1. Symbole der Planeten und Sternzeichen

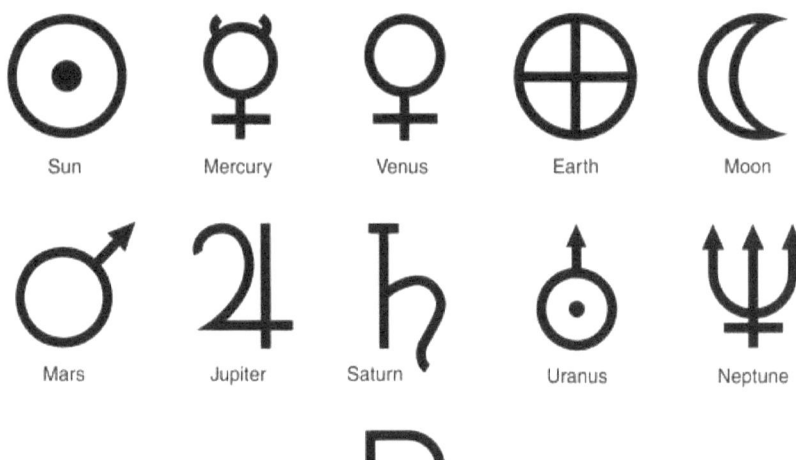

Sun Mercury Venus Earth Moon

Mars Jupiter Saturn Uranus Neptune

Pluto

3 – Wie finde ich einen guten Einstieg in die Astrologie?

Der beste Weg, sich mit Astrologie genauer zu beschäftigen, ist die gründliche Auseinandersetzung mit dem eigenen Horoskop. Die hier vorgestellten Texte zur Deutung und Bedeutung einzelner Planeten und der weiteren Horoskopbestandteile wie Aspekten, Aszendenten und Häusersystem werden immer ein wenig abstrakt für dich bleiben. Es sind ja auch Besprechungen von einzelnen Bestandteilen eines insgesamt sehr komplexen Gebildes, eines Horoskopes. Diese Themen werden jedoch sehr schnell konkret für dich fassbar, wenn du sie in der Deutung eines konkreten Horoskops anwenden lernst. Das Horoskop, das für dich wahrscheinlich emotional und vom Verstand her am leichtesten erfassbar ist, dürfte dein eigenes Geburtshoroskop sein.

Ein erster Schritt in die Welt der Astrologie hinein beginnt also am leichtesten mit dem Ausrechnen und Deuten deines Horoskopes durch eine erfahrene Astrologin oder einen erfahrenen Astrologen. Wichtig zum Lernen ist dabei, dass du dir nicht nur einfach die Symbolzeichnung und eine Computerdeutung ausdrucken und zuschicken lässt, die einfach aus Textbausteinen zusammengesetzt wurde. Du brauchst zum Lernen den direkten Kontakt zur deutenden Person, damit du Rückfragen stellen kannst. Die Astrologin oder der Astrologe braucht genauso den direkten Gesprächskontakt zu dir, um mit dir zusammen zu klären, welche von den theoretisch möglichen Deutungen auf dein konkretes Leben hin zutrifft. Zu vielen astrologischen Kombinationen von Planeten, Zeichen und Häuserstellungen gibt es nämlich eine eher abstrakte Deutung und einige verschiedene konkrete Deutungen, wie diese sich im praktischen Leben auswirken kann.

Zum Beispiel eine Konjunktion von Mars und Uranus im 7. Haus eines Geburtshoroskops einer Frau bedeutet auf der abstrakten Ebene: Thema Männlichkeit (Mars) kombiniert mit Thema Unkonventionalität und sprunghaften Veränderungen (Uranus) im Lebensbereich Beziehungen (7. Haus). Im konkreten Fall kann das z.b. heißen, dass die Frau in ihrem Leben einige unkonventionelle Beziehungen mit Männern haben kann, indem sie z.b. Dreiecksbeziehungen oder viele Fernbeziehungen lebt. Es kann aber auch heißen, dass sie viele Beziehungen mit unkonventionellen Männern lebt, z.b. mit Männern, die Künstler, Astrologen oder bisexuell sind. Oder dass ihre Männer berühmte Persönlichkeiten sind, so dass die Beziehungen oft geheim gehalten werden müssen. Es kann aber auch heißen, dass sie viele Beziehungen mit normalen Männern hat, die aber oft auf eine sehr unkonventionelle Art und Weise zustande kamen und beendet wurden. Hier kann es sein, dass sie sich durch Anzeigen und seltsame Zufällen kennenlernten oder die Beziehungen durch Unfälle und Todesfälle oder mysteriöses Verschwinden der Männer endeten. Ganz konkret könnte es auch um Männer gehen, die Elektriker sind, denn Uranus steht für Elektrizität.

In einer allgemeinen Deutung eines Horoskopes finden sich daher oft einige vage Formulierungen, die erst im konkreten Deutungs- oder Beratungsgespräch geklärt werden können. Dennoch ist die Deutung des Horoskops nicht beliebig, nur sind die Bedeutungsmöglichkeiten eher auf einer abstrakten Ebene festgelegt und nicht auf einer sehr konkreten.

Wenn du nun dein eigenes Horoskop deuten und besprechen lässt, wirst du dich sehr schnell darin wiedererkennen können. Die konkrete Bedeutung von Planeten, Aspekten, Tierkreiszeichen und Häusersystem wird zum ersten Mal in einer unverwechselbaren Gesamtform vor dir Gestalt annehmen und leichter nachvollziehbar sein.

Wahrscheinlich wirst du auch feststellen, dass die Bedeutung der Zeichen und der Häuser, die leer sind in deinem Horoskop, dir erst einmal fremd oder einfach schwerer vorstellbar bleiben. Dein Blick kann sich aber weiten, wenn das Ganze in einer kleinen

Gruppe geschieht, in der mehrere Menschen unter Anleitung einer erfahrenen Astrologin oder eines erfahrenen Astrologen lernen, sich mit ihrem Horoskop und der Astrologie auseinanderzusetzen. Eine gute Astrologielehrer*in schließt sich selbst dabei nicht aus und legt auch ihr/sein eigenes Horoskop offen, damit auch sie/er erkennbar wird und in den gleichen offenen Austausch hineingeht. Du wirst dann vielleicht merken, dass ein Horoskop etwas sehr persönliches ist und dass das gemeinsame Besprechen von Horoskopen viel Vertrauen, Toleranz, Offenheit und Respekt voreinander erfordert. Du wirst vielleicht auch merken, dass jede*r ein bisschen verliebt bleibt in sein eigenes Horoskop, es ist schließlich so sehr mit einem selbst verbunden wie der eigene Schatten oder das Spiegelbild.

Was kannst du als nächstes tun, um etwas weiter in die Astrologie einzusteigen?

Du kannst dir einige wichtige Ereignisse in deinem Leben anhand der Horoskope anschauen, die auf diese Tage oder Momente hin berechnet werden. Du lässt dir also auf diese Ereignisse bezogene Horoskope ausrechnen und lernst, sie in Bezug zu deinem Geburtshoroskop zu setzen.

Daran kannst du einiges über Transite und Prognosen innerhalb der Astrologie lernen. Die Analyse wichtiger Lebensereignisse aus astrologischer Sicht kann dir helfen zu verstehen, wie eine astrologische Prognose zustande kommt und welche Dinge in deinem Leben zeitgleich zu bestimmten Transiten geschahen. Als nächstes kannst du dir aktuelle Ereignisse deines Lebens im letzten Jahr ansehen und lernen, sie in Bezug zu setzen zu der Weltsicht der Astrologie.

Ein weiterer Schritt hinein in das Wissensgebiet der Astrologie kann die Beschäftigung mit den Horoskopen dir nahestehender Menschen oder der Menschen in deiner Astrologie-Lerngruppe sein. Bei dir nahestehenden Menschen kannst du in deren Horoskop mit hoher Wahrscheinlichkeit einen oder einige markante

Berührungspunkte zu deinem Horoskop entdecken. Diese kannst du dann damit vergleichen, wie du die Beziehung erlebst oder erlebt hast, was dich mit der Person verbindet oder was dich schon immer an dieser Person gestört hat. Das kann dir helfen, zu verstehen, wie die Astrologie Beziehungen zwischen Menschen beschreibt und welche Aussagen sie dazu machen kann. Später kannst du den Kreis der Horoskope dann auf mehr Menschen und Bekannte ausweiten.

Dabei solltest du dich jedoch vorher vergewissern, ob es diesen Menschen recht ist, wenn du in ihrem Horoskop herumstöberst und herumdeutest. Ein Horoskop ist ein sehr intimes Abbild der Persönlichkeit eines Menschen. Ein Horoskop erlaubt dir, die Stärken, die Schwächen und die wunden Punkte eines Menschen klar zu erkennen. Einige Menschen geben dir vielleicht unbesorgt ihre Horoskopdaten, weil sie sowieso nichts davon halten. Andere geben sie dir nur widerwillig oder gar nicht, das solltest du respektieren. Andere geben dir vielleicht bereitwillig ihre Horoskopdaten in der Hoffnung, dass du ihnen bald alles kostenlos deuten und erklären kannst. Hier solltest du sehr vorsichtig und ehrlich bleiben und klar sagen, dass du selbst noch am Lernen bist und noch keine Verantwortung für eine volle Deutung und Beratung übernehmen möchtest.

Ein weiterer Zugang zur Astrologie ist die Deutung der Horoskope berühmter und bekannter Persönlichkeiten. Das kann deswegen interessant sein, weil du hier einige klassische astrologische Kombinationen sehen kannst in teilweise lehrbuchartiger Bedeutung und Ausprägung. Diese Betrachtungen helfen, sich typische Bedeutungen bestimmter Planetenkombinationen oder bestimmter Aspekte in ihrer konkreten Bedeutung und Deutung besser vorstellen zu können. Ein ähnlicher Weg ist die Betrachtung von Horoskopen, die auf wichtige politische, sportliche oder künstlerische Ereignisse errechnet wurden. Hierfür ist es natürlich wichtig, dass du dich für Sport, Kunst oder Politik interessierst. Diese klassischen Beispiele für die Ereignisastrologie können dir auch helfen, etwas über typische Zusammenhänge aktueller Planetenstellungen und Ereignisse zu lernen.

Bei aller Beschäftigung mit der Astrologie brauchst du im Wesentlichen einige, wenige äußere Hilfsmittel: Zunächst brauchst du unbedingt eine Person oder ein PC-Programm, die oder das dir hilft, Horoskope zu errechnen. Dann brauchst du mindestens eine erfahrene Person, besser eine Gruppe gleichermaßen interessierter und lernender Personen, mit der du dich austauschen kannst und in der du Fragen stellen kannst. Dann kommst du auf Dauer nicht darum herum, dir auch selbst Themen durchs Lesen von Büchern und astrologischen Artikeln anzueignen. Hier kann dir aber auch eine erfahrene Person helfen, aus der Fülle der Bücher gute Einführungswerke herauszusuchen und bei unverständlichen Passagen in einem Buch erklärend mitzuwirken. Außer dem PC finde ich astrologische Kalender und schriftliche Gestirnstandstabellen, sogenannte Ephemeriden, sehr hilfreich, da hier der Verlauf von Transiten besser nachvollziehbar ist.

Als wichtigste innere Voraussetzungen seien noch einmal Offenheit, Toleranz und Respekt genannt. Außerdem ist die Auseinandersetzung mit der Astrologie nicht möglich, ohne die Bereitschaft, sich selbst im Spiegel in die Augen zu sehen. Du musst bereit sein oder zumindest im Laufe der Zeit bereit werden, dir und deiner eigenen Gefühlen   und Verhaltensweisen bewusst zu werden. Das gilt auch für Bereiche, die du an dir nicht magst oder nicht wahrhaben willst. Eine weitere wichtige innere Voraussetzung für die Auseinandersetzung mit der Astrologie ist Geduld. Die Astrologie ist eine alte, spannende, aber eben auch sehr umfangreiche und komplexe Wissenschaft. Wenn du einmal angebissen hast, hast du einen schönen, aber auch sehr langen Weg vor dir, und das hinzu Lernen hört nie auf. Es ist eben keine magische Disziplin, die in einem Crashkurs an einem Wochenende erlernt werden kann, sondern es dauert ein paar Jahre, bis du einigermaßen einen soliden Grundstock an Wissen erworben hast. Zum eigenen Durchführen von Kursen und / oder Beratungen dauert es noch länger. Hierzu gehören außer dem astrologischen Wissen einige gute Grundkenntnisse in Psychologie und eine pädagogische Begabung oder Ausbildung.

Ich wünsche ich dir viel Spaß, Freude und Ausdauer beim Erlernen und Entdecken dieser Wissenschaft, die an Schönheit und Tiefe viele anderen spirituellen und psychologischen Modelle bei weitem übertrifft.

Am Ende des Buches nenne ich dir noch einige Bücher, die ich für den Einstieg in die Astrologie als hilfreich erlebt habe.

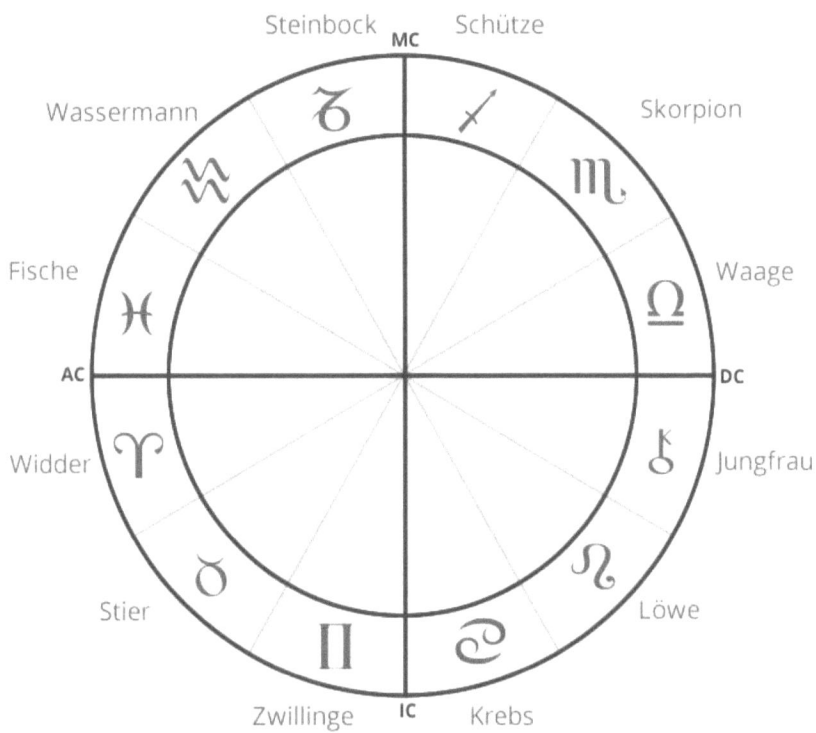

4 – Unsicherheiten mit der Geburtszeit

Was ist, wenn ich keine genaue Geburtszeit habe oder unsicher bin, ob meine Geburtszeit stimmt? Was ist, wenn ich mir unsicher bin, ob diese astrologische Berechnung und Deutung für mich wirklich so zutrifft?

Diese Fragen stellen sich viele Menschen, die sich für die Astrologie interessieren und sich ihr Horoskop oder das Horoskop eines anderen Menschen ausrechnen lassen wollen:

Was ist, wenn die Hebamme die Geburtszeit falsch aufgeschrieben hat? Oder die Uhr im Kreißsaal eine Minute nachgeht? Ist dann das Horoskop nicht total daneben? Was ändert sich mit den Planeten, den Aspekten und dem Aszendenten von Minute zu Minute oder von Stunde zu Stunde? Wenn du dir auch solche Fragen stellst, kannst du da ganz beruhigt sein, obwohl deine Sorge völlig berechtigt ist. Die Geburtszeit stimmt in den seltensten Fällen auf die Minute genau und wird leider meistens auf- oder abgerundet in den Standesämtern. Das ist aber kein grundlegendes Problem. Fast jede Geburtszeit muss von der Astrolog*in geprüft und nachkorrigiert werden. Meistens beginnt mit den Fragen dazu und den dazu gehörigen Techniken die astrologische Beratung. Es gibt einige Techniken, mit denen ein Astrologe die Geburtszeit schätzen oder korrigieren kann. Oft kommen auch Personen in die Beratung, die haben zwei verschiedene Uhrzeiten und wissen nicht, welche davon stimmt. Eine dieser Techniken zur Klärung der Geburtszeit beruht auf einem ersten Deutungsversuch zum Aszendenten.

Vielleicht kannst du es dir besser vorstellen, wenn du weißt, dass von der Geburtszeit erst einmal "nur" der Aszendent und das Häusersystem abhängen. Der Aszendent wechselt auch nicht minutenweise, sondern je nach Ort und Jahreszeit alle 1,5 bis 2 Stunden. Eine Abweichung um wenige Minuten macht meistens nur sehr wenig aus, außer wenn in diesen wenigen Minuten gerade der

Aszendent wechselt. Da kann man aber meist mit einigen wenigen Fragen klären, welcher Aszendent "stimmt". Ich habe selbst schon einige Male den Aszendenten geschätzt oder korrigiert. Eine Freundin von mir hatte danach ihre Geburtsurkunde doch noch gefunden, ich hatte mich nur um 5 Minuten verschätzt. Außerdem kann man mit der Deutung von Transiten und der astrologischen Gegenüberstellung von einigen kritischen oder wichtigen Lebensereignissen weiter überprüfen, ob der Aszendent stimmt, also die Geburtszeit damit korrekt ist.

Der nächste Bestandteil des Horoskopes, der nur etwas langsamer läuft als Aszendenten und Häusersystem, aber sich auch noch ziemlich schnell verändert, ist der Mond. Er bleibt ca. 2,5 Tage in einem Zeichen, so dass einige Stunden Unterschied in der Geburtszeit etwas ausmachen und verändern können. Außer dem Mond und dem Häusersystem sind aber alle Planeten viel, viel langsamer. Das heißt, selbst wenn du von einem Menschen nur den Geburtstag und keine Uhrzeit hast, hast du schon die Hälfte seines Horoskopes, also alle Planeten und die Sonne mit allen Aspekten, bis auf Mond und Häusersystem.

Es gibt Aspekte zwischen zwei Planeten, die bleiben tagelang stehen, manche wochenlang, manche monatelang bei den sehr langsamen Planeten. Also, da kann ein Sprung in der Uhr im Kreissaal gar nicht viel ausmachen, solange der Tag im Kalender richtig abgelesen wird, hast du schon ein halbes Horoskop zusammen. Auch ganz ohne Uhrzeit kannst du viele Grundbestandteile des Charakters und der astrologischen Veranlagung sehr gut erkennen. Wenn du Aszendent und Häusersystem nicht berechnen kannst, kannst du jedoch nicht abschätzen, in welchen Lebensbereichen sie sich verstärkt auswirken.

Dass du für die Berechnung und die Deutung eines vollständigen Horoskopes die Uhrzeit und den Geburtsort erfragen musst, stellt auch in gewisser Weise einen Schutz für die Menschen dar, die nicht wollen, dass eine andere Person sie astrologisch voll erfasst. Nicht jedem Menschen ist es recht, wenn andere Personen in seinem Horoskop herumdeuten und herumstöbern. Ein volles Horoskop ist wie schon gesagt etwas genauso Persönliches wie dein eigenes Spiegelbild oder dein Schatten.

Eine Deutung und Besprechung eines Horoskopes setzt viel Vertrauen, Respekt und Offenheit voraus.

Manchmal trifft man Menschen, die einerseits stark kundtun, dass sie sich ja sehr gerne mit Astrologie beschäftigen würden, aber leider ihre eigene Geburtszeit nicht genau oder gar nicht wissen. Diesen Menschen könnte leicht geholfen werden. Es ist keine notwendige Voraussetzung für die Beschäftigung mit der Astrologie, das eigene Horoskop vollständig ausrechnen und deuten zu können. Aber die Kenntnis des eigenen Horoskops ist sehr hilfreich.

Manche dieser Menschen sind einerseits von der Astrologie sehr fasziniert, haben aber gleichzeitig große Angst, sich mit der Hilfe der Astrologie selbst zu erkennen. Anders ausgedrückt: Eine besonders betonte Unsicherheit gegenüber der eigenen Geburtszeit kann ein Selbstschutzmechanismus sein, sich eben doch nicht der Astrologie stellen zu müssen. Denn der offene und unverstellte Blick ins eigene astrologische Spiegelbild kann mit Ängsten verbunden sein, kann beunruhigen und bedrohlich sein. Du kannst dabei Dinge an dir erkennen, die du nie wahrhaben wolltest, und auch unangenehmen Erkenntnissen über dich selbst nicht mehr gut aus dem Wege gehen.

Vor allem, wenn ein Mensch in der astrologischen Beratung am Ende der Beratungssitzung durchklingen lässt, dass sie/er sich eigentlich unsicher war, ob die Uhrzeit stimmte, kann das ein Hinweis darauf sein, dass sie/er sich ein Hintertürchen offen lassen will, um der Deutung auszuweichen. Wenn wir mit unseren eigenen Stärken und Schwächen, mit unseren Vorlieben, wunden Punkten und inneren Abgründen konfrontiert werden, wollen wir diesen Themen manchmal ausweichen. Das ist mehr als menschlich. Welchen Weg zur Selbsterkenntnis ein Mensch gehen will und wie weit er sich traut, auf diesem Weg zu gehen, bleibt jedem selbst überlassen. Außerdem kann die Astrologin oder der Astrologe mit seiner Deutung durchaus mal daneben liegen.

Schwierig wird die astrologische Beratung vor allem dann, wenn der Astrologe oder die Astrologin zu viel von ihren eigenen Wertvorstellungen und Lebensauffassungen in die Deutung mit einfließen lässt. Es kann dann sein, dass der Astrologe oder die Astrologin dem Kunden in der Beratung etwas Bestimmtes einreden oder aufdrücken will. Da ist es wichtig und richtig, sich abzugrenzen und evtl. eine zweite Meinung einzuholen. Sonst kann es passieren, dass diese schräge Deutung dir auf Dauer deinem Verhältnis zur Astrologie und zu deinem Horoskop im Wege steht.

Du musst nicht alles, was ein Astrologe sagt oder eine Astrologin so ausdeutet, für völlig schicksalhaft, gottgegeben und unumstößlich richtig halten. In der konkreten Ausdeutung der abstrakten Bedeutungen der Planeten, Aspekte und des Häusersystem kann auch einmal etwas an Euch herangetragen werden, was gar nicht zu Euch passt.

In dem Fall ist es völlig okay, sich abzugrenzen und sich ein*e andere Astrolog*in zu suchen oder einen alternativen Blick in ein gutes astrologisches Buch zu tun. Auch Astrologen und Astrologinnen sind nur Menschen, die im besten Fall versuchen, ihre Arbeit so gut wie möglich zu machen. Schwierig wird es, wenn sie einen Bekehrungseifer an den Tag legen, keine alternative Deutung neben ihrer eigenen dulden und sich zu Richter*innen über Deinen Charakter und dein Schicksal berufen fühlen. Auch hier hilft es wieder, deinem Gefühl zu vertrauen. Wenn du dich ansonsten offen, vertrauens- und respektvoll behandelt und beraten fühlst, kann es sinnvoll sein, auch über eine unbequeme Deutung etwas länger nachzudenken und nachzusinnen. Aber lass dir nichts aufzwingen, was dich abwertet oder dir dein Schicksal ausweglos und völlig festgeschrieben erscheinen lässt. Eine gute astrologische Beratung zeigt dir nicht nur deine Krisen, Knackpunkte und Schwierigkeiten auf, sondern ebenso die Chancen, Entwicklungsmöglichkeiten und Lösungsansätze.

In der Astrologie ist es wichtig, dass du Deinen eigenen Weg gehst, und dass du zwar Berater*innen und Lehrer*innen hast, wenn du Astrologie erlernen willst, aber doch im Laufe der Zeit deinen eigenen Stil finden musst.

5 - Leben mit einem Mondkalender

Mondkalender werden immer beliebter. Es gibt sie heute schon in jeder Buchhandlung, in den Esoterikläden gibt es ganze Regale oder Tische voll davon. Es gibt auch Onlinemondkalender, die du täglich mit deinem Handy abrufen kannst. Es gibt sehr viele verschiedene Mondkalender und die Qual der Wahl ist groß, wenn du dir einen kaufen willst. Worauf solltest du beim Kauf achten? Warum überhaupt einen Mondkalender im Haus haben? Was macht diese Kalender so beliebt und warum kaufen sich immer mehr Menschen einen Mondkalender? Viele Menschen nutzen auch astrologische Blogs oder Homepages wie meine, um sich über den Mond zu informieren.

Der folgende Text versucht, darzustellen, welche Mondkalender es gibt, und einen Eindruck davon geben, warum es Spaß machen kann, mit einem Mondkalender zu leben. Außerdem ist ein Mondkalender die einfachste Möglichkeit, einen astrologischen Rhythmus im Alltag zu erleben.

5.1. Unsere Zeitrechnung

Wir sind es gewohnt, die Zeit in Sonnenjahren zu messen. Das heutige Zeitmaß für ein Jahr ist von der Sonne abhängig. Die Erde braucht ca. 365,25 Tage, um die Sonne zu umkreisen. Der heutige Kalender ist der sogenannte gregorianische Kalender mit 12 Monaten von 28 bis 31 Tagen und einigen Schalttagen. Doch lange bevor dieser Kalender eingeführt wurde, war die alte Zeitrechnung ein Mondkalender. Der Mond braucht von Vollmond zu Vollmond oder von Neumond zu Neumond ungefähr 29,5 Tage. Ein Mondjahr hatte 13 Mondmonate, also 13 mal 29,5 Tage, das sind 383,5 Tage. Das Mondjahr war also verglichen mit unserem heutigen Sonnenjahr von 365,25 Tagen zu lang. Eine reine Berechnung des

Jahres nach den Mondmonaten führte dazu, dass die Daten für die Sonnenfeste sich immer mehr verschoben haben im Vergleich zu den astronomischen Gegebenheiten. Viele alte spirituelle Feste werden noch heute aus einer Mischung von Mond- und Sonnenkalender berechnet, z.B. das jüdische Pessah-Fest fällt auf den ersten Vollmondtag nach der Frühlings-Tag-und-Nacht-Gleiche. Ostern wird vom Pessah-Fest abhängig berechnet und fällt entsprechend immer auf den ersten Sonntag nach dem ersten Vollmond nach der Frühlings-Tag-und-Nacht-Gleiche. Viele Stichtage zur Ernte oder Saat im bäuerlichen Jahr werden heute noch von den Bauern aus einer Mischung von Mond- und Sonnenkalenderdaten berechnet.

Die Sehnsucht nach einem Mondkalender in der heutigen Zeit kann also eine Sehnsucht nach einer älteren Zeitrechnung sein, eine Sehnsucht, das Leben wieder mehr an den altertümlichen Zeitkräften auszurichten, die unsere Vorfahren in Sonne und Mond sahen. Aber warum interessieren sich heute Menschen, die weder Bauern sind, noch als Priester Fest- und Ritualtermine ausrechnen und festlegen müssen, für Mondkalender? Das Interesse an Mondkalendern hat auch mit einem stärkeren Interesse an der alten esoterischen Lehre der Astrologie zu tun. Der heutige Boom der Mondkalender wurde eingeleitet durch ein Buch, das lange die Bestsellerlisten anführte. Es hieß: „Die Lehre vom rechten Zeitpunkt" von Johanna Paungger und Thomas Poppe und ist 1999 erschienen. Die Astrologie behauptet nämlich, dass es für viele Dinge im Leben einen rechten, also günstigen und ebenso ungünstige Zeitpunkt gibt. Das Autorenpaar gab einen ersten Einblick, wie sich der astrologische Mondstand für die Blumenpflege, die Körperpflege, die Spiritualität, die Ernährung und vieles mehr nutzen lässt.

Bevor du dir einen Mondkalender kaufen willst, musst du dir im Klaren sein, ob du einen astrologischen oder einen astronomischen Mondkalender kaufen willst. Was ist der Unterschied dazwischen?

Astronomie ist die naturwissenschaftliche Sicht der Sterne und des Alls. Astronomen sind z.b. die Menschen, die schwarze Löcher erforschen und nach fernen Galaxien mit riesigen Fernrohren suchen. Der Mond interessiert die Astronomen nur als ein naturwissenschaftliches Forschungsobjekt, das sie gerne im Fernrohr betrachten, genau vermessen und nur naturwissenschaftlich erklären und beschreiben wollen. Sternbilder sind für den Astronomen eine Ansammlung von fernen Sonnen ohne spirituelle oder psychologische Bedeutung. Astrologie ist die spirituelle Lehre von den tieferen spirituellen und psychologischen Zusammenhängen zwischen den Sternen und Planeten und unserem Leben auf der Erde. Während Astronomie und Astrologie vor 3000 Jahren eine gemeinsame Wissenschaft von der Deutung und Berechnung der Sterne waren, sind es heute getrennte Wissenschaften. Die Astronomie ist heute ein anerkanntes wissenschaftliches Studienfach, das es an vielen Universitäten gibt.

Die Astrologie ist heute eine esoterische Grenzwissenschaft, die von den Wissenschaftlern an den Universitäten abgelehnt und nicht ernst genommen wird. Naturwissenschaftlich orientierte Astronomen halten Astrologen meistens für weltferne Spinner und werfen ihnen vor, die Lage der Sternbilder falsch zu berechnen. Spirituelle Astrologen beobachten gerne mit Astronomen zusammen die Sterne und Planeten, hören auch gerne mal einen guten astronomischen Vortrag und schweigen dabei über ihre tiefe Liebe zu dieser Himmelsuhr. Keine gute*r Astrolog*in leugnet die Forschungsergebnisse der Astronomie, sondern er/sie hat meistens auch ein Interesse an der Entdeckung neuer Himmelkörper. Keine Astrolog*in leugnet, dass die astrologische Berechnung auf der astronomischen zwar aufbaut, aber diese darüber hinaus durch weitere zusätzliche Berechnungen und Interpretationen verändert. Die Astrologie ist eine abstrakte geistige Lehre über spirituelle Zusammenhänge von den Zeitläufen der Planeten und unserem Zeiterleben hier auf der Erde. Sie kann von der Astronomie weder widerlegt noch entkräftet werden, da diese sich mit völlig anderen

Inhalten beschäftigt. Die astrologische Sicht der Sterne ist eine andere als die astronomische Sicht. Das liegt alleine schon daran, dass im Horoskop alle Sternbilder als gleich lang eingezeichnet werden, nämlich als ein Zwölftel des Himmelskreises, während die Sternbilder am Himmel unterschiedlich lang sind. Ein häufiger Streitpunkt zwischen Astrologie und Astronomie ist, dass die Lage der Sternbilder anders interpretiert wird.

Die reale Lage der Sternbilder, wie sie von der Astronomie berechnet wird, ist für die Astrologie nur Ausgangspunkt weiterer Berechnungen. Diese theoretische Interpretation der Sternbilder durch die Astrologie hat sich in den letzten 3000 Jahren um ca. 1,5 Sternzeichen gegenüber der Lage der Sternbilder am Himmel verschoben. Das liegt daran, dass sich unser Sonnensystem als ganzes durchs All bewegt und die Erdachse sich im Verhältnis zum Tierkreis verändert im Laufe von tausenden von Jahren. Die Astrologie behauptet auch nicht, dass die Sternbilder woanders lägen, als sie liegen, sondern sie wendet die Ergebnisse der astronomischen Wissenschaft mit einer zusätzlichen astrologischen Berechnung an, die sich als astrologisch wirksam erwiesen hat. Diese unterschiedliche Sicht der Sternbilder führt aber dazu, dass ein astronomischer Mondkalender andere Daten enthält als ein astrologischer Mondkalender, was die Lage des Mondes zu den Sternzeichen betrifft. Während der Astrologe berechnet, dass der Mond seine astrologische Wirksamkeit jetzt gefärbt durch das Sternbild Steinbock entfaltet, sagt der Astronom der Mond steht am Himmel in der sichtbaren Nähe zum Sternbild Schützen, also ca. 1 bis 1,5 Sternbilder zurück. Die Kalender sind aber identisch, was die Angaben zu Konjunktionen mit anderen Planeten betrifft, auch die Angaben zu Neumond, Vollmond und den Halbmonden sind identisch.

Was heißt das nun für die Anwendung von Mondkalendern?

Die Deutung des spirituellen Einflusses des Mondes auf unseren Alltag ist Teil des astrologischen Weltbildes. Jeder wissenschaftliche Astronom würde solche Zusammenhänge strikt ablehnen und absolut lächerlich finden. Folglich ist für einen Menschen, der sich mit dem astrologischen Einfluss des Mondes im Alltag beschäftigen will, logischerweise nur ein astrologischer Mondkalender zu empfehlen. Für einen Hobbyastronomen, der wissen will, wann er den Mond und die Sternbilder wo am Himmel beobachten kann, ist natürlich ein astronomischer Mondkalender besser. Für die bäuerlichen Anwendungen des Mondkalenders gehen die Meinungen auseinander. Viele Bauern orientieren sich ohnehin nur grob an den Mondphasen, also ob Vollmond oder Neumond ist, ob zunehmender oder abnehmender Mond ist. Diese Mondphasen werden ja in beiden Kalendern gleich berechnet, insofern macht die Art des Mondkalenders hier keinen Unterschied. Anthroposophisch orientierte Bauern wenden aber meistens zusätzlich die Erkenntnisse der Astrologie an, benutzen oft einen speziellen Mondkalender, der von Maria von Thun herausgegeben wird.

Das war jetzt erst einmal ziemlich kompliziert. Im Folgenden soll es nur noch um die astrologische Anwendung astrologischer Mondkalender gehen. Ich bin Astrologin und lebe mit der astrologischen Anwendung der astrologisch berechneten Planetenkonstellationen. Mein Leben ist durch das Leben mit einem Mondkalender bewusster und leichter geworden, weil ich die Energie der Tage je nach Mondstand bewusster nutzen kann.

5.2. Was ist der Sinn eines astrologischen Mond-Kalenders?

Astrolog*innen deuten nicht nur die Energien einer bestimmten Planetenkombination für einen festgelegten Zeitpunkt, also z. B. zum Zeitpunkt der Geburt eines Menschen. Die Planeten, Sonne und Mond sind ständig in Bewegung. Sie bilden eine Art Himmelsuhr mit vielen Zeigern. Manche sagen auch, die Planeten vollführen auf dem Spielfeld, das durch die Sternbilder aufgespannt ist, einen ständigen Tanz von ewiger Schönheit. Astrolog*innen sind sich sicher, dass die aktuellen Planetenenergien etwas aussagen über Kräfte, die auch das aktuelle Verhalten und Erleben der

Menschen beeinflussen. Astrologie wird also nicht nur zur Deutung der Persönlichkeit eines Menschen durch die Planetenstellungen im Moment seiner Geburt angewendet. Manchmal werden auch Horoskope berechnet auf den Zeitpunkt eines politischen Ereignisses oder auf den Moment einer Vertragsunterzeichnung. Menschen kommen oft in die astrologische Beratung, haben bestimmte Dinge geplant und wollen wissen, ob die Zeit dafür günstig ist oder nicht. Astrolog*innen glauben also, dass die aktuelle Planetenaufstellung am Himmel der Zeit eine gewisse Qualität des Erlebens und der Gestaltbarkeit gibt. Sie glauben, dass nicht jeder Tag oder jedes Jahr gleich gut für ein Vorhaben ist wie jeder andere Tag und jedes andere Jahr. Die Lehre vom richtigen Zeitpunkt ist also ein Teil des Wissens der astrologischen Wissenschaft. Wie kannst du dir das konkret vorstellen?

Es gibt Tage, an denen gehen bestimmte Dinge einfach viel leichter von der Hand und an anderen Tagen gelingt das Gleiche viel mühsamer. Das kennst du sicher auch. Es gibt Tage, an denen kannst du dich gut aufraffen, dein Zimmer aufzuräumen und die Wohnung durchzuputzen, und Tage, an denen du es echt nur mit äußerstem Widerwillen machst, weil du ganz stark spürst, dass du viel lieber etwas anderes tätest. Wenn die astrologische Zeitqualität für ein Vorhaben, für einen Plan oder eine Tätigkeit eher ungünstig ist, heißt das nicht, dass es unmöglich ist, dieses Vorhaben in eine konkrete Tat umzusetzen. Aber es ist vielleicht etwas schwerer als an anderen Tagen. Hier gilt ein alter astrologischer Lehrsatz: „Die Sterne erzwingen nichts, sie machen nur geneigt." Wenn also an einem für Mathe eher ungünstigen Tag eine Mathearbeit geschrieben wird, ist es kein Drama. Es kann sich aber so auswirken, dass die Arbeit insgesamt etwas schlechter ausfällt oder dass alle sich etwas mehr anstrengen müssen, um ihr sonstiges Ergebnis zu halten. Es muss also nicht passieren, dass alle durchfallen. Aber der Notenschnitt kann insgesamt etwas niedriger ausfallen als sonst oder selbst die guten Matheschüler*innen merken, dass es ihnen an dem Tag schwerer fiel als sonst.

Problemwäsche waschen ist im Jahr 2020 generell günstig:

vom 11.1. bis 24.1.
vom 9.2. bis 23.2.
vom 10.3. bis 23.3.
vom 8.4. bis 22.4.
vom 8.5. bis 22.5.
vom 6.6. bis 20.6.
vom 5.7. bis 20.7.

vom 4.8. bis 18.8.
vom 2.9. bis 16.9.
vom 2.10. bis 16.10.
vom 1.11. bis 14.11.
vom 1.12. bis 14.12.
vom 30.12. bis 12.1.2021

Sehr günstig sind in den genannten Zeiten die Wassertage (Krebs, Skorpion, Fische)!

Mittwoch

22

JANUAR

Schütze
abnehmender Mond

4. Woche 2020

Element:
Feuer
Tagesqualität:
Wärme
Nahrungsqualität:
Eiweiß, Frucht
Pflanzenteil:
Frucht
Körperzone:
Oberschenkel, Venen
Organsystem:
Sinnesorgane

Einfacher Mondkalender als Abreißkalender, eine Seite pro Tag, mit praktischen Tipps für den Haushalt.

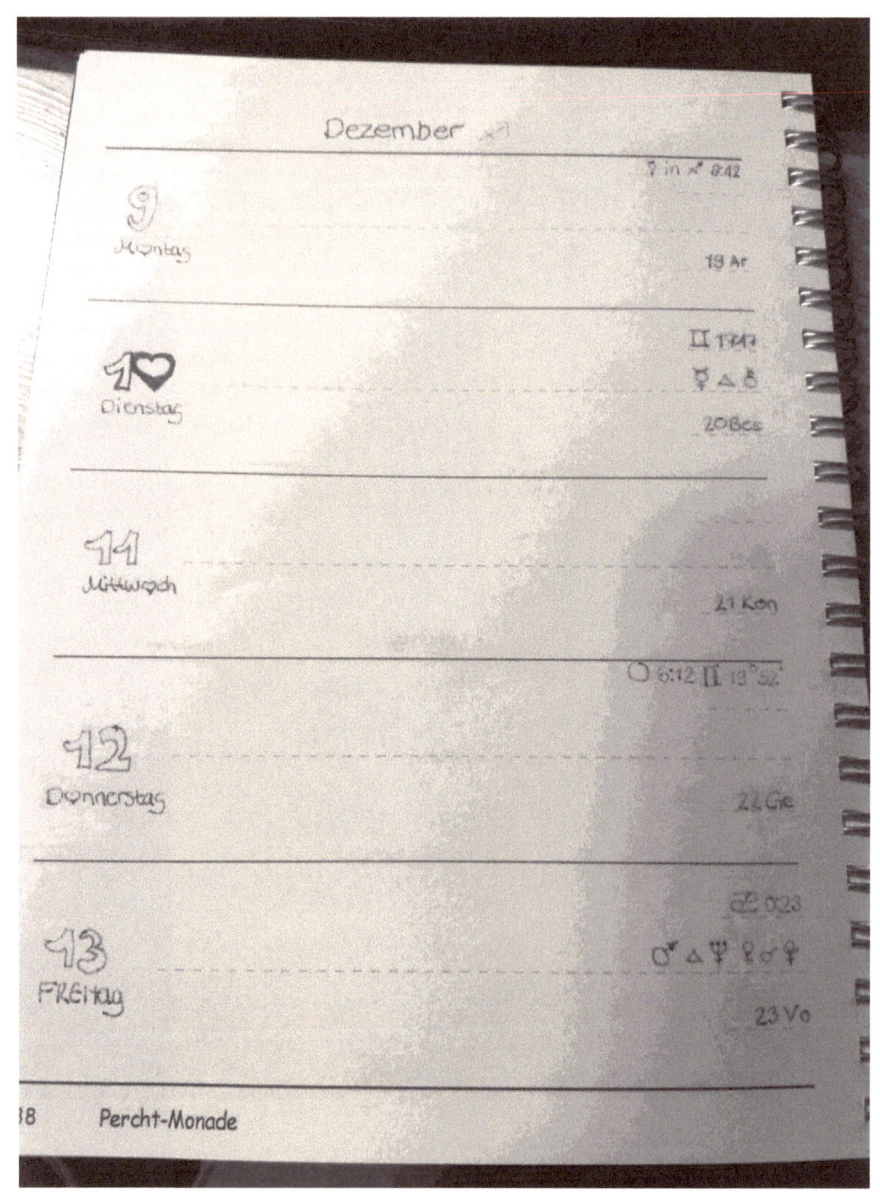

Für astrologisch Geübte, nur Symbole sind notiert.

5.3. Wie stellt sich die Astrologie den Einfluss des Mondes vor?

Der Mond steht in der Astrologie für unser Unbewusstes, für unser Gefühl und für das Prinzip der Formgebung. Was heißt das? Das heißt, in welchem Sternzeichen der Mond steht, kann

• über unser Unbewusstes Hinweise geben auf unsere Wünsche, Träume und Ideen. Also Hinweise geben, was wir gerne machen wollen an dem Tag, oder welche Gedanken oder Gefühle uns in den Kopf kommen, auch wenn sie uns fremd sind oder wir sie nicht immer offen eingestehen wollen.

• über unser Gefühlsleben Hinweise darauf geben, welche Themen uns an dem Tag emotional eher ansprechen als an anderen Tagen oder in welchem Körperteil wir ein leichtes Unwohlsein spüren, wenn es uns an dem Tag nicht gut geht.

• über das Prinzip der Formgebung darauf hinweisen, welche Vorhaben oder Pläne an diesem Tag gut oder zumindest leichter gelingen als an anderen Tagen.

Jedes Sternzeichen wird in der Astrologie einem der vier Elemente zugeordnet, woraus sich schon bestimmte Grundthemen ergeben, und jedem Sternzeichen wird eine bestimmte Körperregion zugeordnet.

Außerdem wird auch in der Astrologie das Verhältnis von Sonne und Mond interpretiert. Der Mond steht in der Astrologie für unser Gefühl, Unbewusstes und Formgebung und eine eher weibliche intuitive Logik. Die Sonne steht eher für das bewusste Denken, eine bewusste Tagesenergie und eher männliches rationales Denken und Handeln. Mond und Sonne sind in der Astrologie also eher gegensätzliche Kräfte.

Wie wirken sich Vollmond oder Neumond aus der Sicht der Astrologie aus?

An Vollmond stehen sich Mond und Sonne im Horoskop von der Erde aus gesehen genau gegenüber. Das heißt, die Sonne betont ein Sternzeichen und der Mond betont das genau entgegengesetzte Sternzeichen. Das nennen die Astrologen eine Opposition. Diese Vollmondstellung kann zu einer starken Unruhe führen, viele Menschen schlafen an Vollmond schlecht. Diese Spannung kann auch fruchtbar sein, kann zu kreativen Leistungen anregen. Das bewusste Denken (Sonne) will an solchen Tagen etwas ganz anderes als das unbewusste Gefühl (Mond). Durch diese Spannung können wir manchmal kreative Dinge tun, weil sowohl der Verstand wie das Gefühl angeregt sind.

An Neumond stehen Sonne und Mond auf der gleichen Position im astrologischen Tierkreis. Sonne und Mond betonen das gleiche Sternzeichen. Das Sternzeichen wirkt also doppelt so stark. Neumondtage sind Tage, an denen die Themen dieses Sternzeichens besonders intensiv gespürt werden können. Das bewusste Denken und das unbewusste Fühlen sind eins. Unbewusste Gefühle können leicht bewusst gemacht werden. Das ist gut für Orakel und Meditationen. Viele Menschen sind an Neumondtagen leicht reizbar, weil die wenigsten von uns sich gerne mit ihrem Unbewussten auseinandersetzen. Viele wollen ja ihr Leben lang etwas ganz anderes sein, als sie sind. An Neumond spürst du oft, ja, so bist du, so und nicht anders, und es nützt dir nichts, vor dir selbst wegzulaufen oder dich selbst anzulügen. Das ist oft unangenehm. Die Neumondenergie ist eine Chance, sich selbst besser kennenzulernen und anzunehmen.

An den Halbmondtagen stehen Sonne und Mond auch in einer Spannung zueinander, die die Astrologen ein Quadrat nennen. Das ist weniger Spannung als die Opposition wie an Vollmond, wird aber meistens als unangenehmer erlebt. Was wir an Halbmondtagen denken und fühlen, will oft nicht so recht zueinander passen, lässt sich aber seltener in eine fruchtbare kreative Spannung umsetzen wie an Vollmond. Der zunehmende Mond ist die Zeit von Neumond bis Vollmond. Sie eignet sich, um Dinge aufzubauen, zu säen und wachsen zu lassen. Der abnehmende Mond ist die Zeit vom Vollmond bis zum nächsten Neumond. Sie eignet sich eher, um Dinge loszulassen und zu ernten.

Durch die Bewegung des Mondes und der Sonne durch die Sternzeichen im Laufe des Jahres gerät jedes Sternzeichen eine Zeitlang in den abnehmenden und in den zunehmenden Mond. In guten Mondkalendern ist deswegen außerdem vermerkt, wann die Sonne die astrologischen Zeichen wechselt.

Welcher Mondstand bedeutet nun was? - Eine kleine Einführung in die Mondastrologie

Bevor ich die Bedeutung von Mond in den einzelnen Sternzeichen erkläre, ein paar allgemeine Worte zu den vier Elementen in der Astrologie und deren Einfluss durch den Mondstand:

Die vier Elemente Lehre in der Astrologie kann auf den Mond folgendermaßen angewendet werden: Egal, in welchem Zeichen der Mond gerade wirksam ist, gibt es Gemeinsamkeiten von Tagen an denen der Mond z.B. in einem luftigen Zeichen steht. Astrolog*innen sprechen manchmal auch von einem luftigen Tag, wenn der Mond im Zeichen Zwilling, Waage oder Wassermann steht.

5.4. Tage mit Mond im Luftzeichen

Die Luftzeichen sind Zwilling, Waage und Wassermann.

Das Element Luft steht in der Astrologie für Beschwingtheit, Distanziertheit, geistige Leichtigkeit und Einfallsreichtum. An Tagen mit Mond im Luftzeichen fällt es dir vielleicht leichter als an anderen Tagen, neue Ideen zu produzieren (zunehmender Mond im Luftzeichen) oder dich von alten Ideen zu trennen (abnehmender Mond im Luftzeichen). Die Welt der Ideen, der abstrakten Gedanken ist an solchen luftigen Tagen leichter zu erschließen. Die meisten Menschen haben an diesen Tagen mehr Lust auf gedanklichen Austausch, auf Diskussionen oder auch darauf, Dinge von einer weiteren, abstrakteren Perspektive zu sehen. Luftbetonte Menschen können die Dinge des Lebens manchmal wie ein Vogel sehen, der hoch oben über der Ebene kreist. Tage mit Mond in Luftzeichen eignen sich gut für ein Brainstorming, für ein Sammeln neuer Ideen, auch wenn vielleicht ein paar spinnerte Ideen dabei sind. An luftigen Tagen kannst du dich evtl. in die Gefühle anderer Menschen schlechter einfühlen als in ihre Gedanken.

Auswirkung auf Zimmerpflanzen und Garten: Der Mond weist in einem Luftsternzeichen auf den Pflanzenteil Blüte hin, die Pflanzen besser wenig gießen an diesen Tagen. An luftigen Tagen geschnittene Schnittblumen oder Blumengestecke sollen etwas länger halten.

Anregungen für den Haushalt: Tage mit Mond im Luftzeichen sind gute Tage, um kräftig durchzulüften, Teppiche oder Betten auszulüften oder um die Wohnung mit guten Duftessenzen auszuräuchern.

Ernährung: Fett soll an diesen Tagen sehr gut vom Körper aufgenommen werden, also Vorsicht für Personen mit erhöhten Blutfettwerten.

5.5. Tage mit Mond im Feuerzeichen

Die Feuerzeichen sind Widder, Löwe und Schütze.

Das Element Feuer steht in der Astrologie für Lebendigkeit, Lebensfreude, Begeisterungsfähigkeit und Tatendrang. Tage mit

Mond in einem Feuerzeichen sind gut dafür, Dinge umzusetzen, den Worten Taten folgen zu lassen oder auch eine Sache mit Tatendrang durchzusetzen. An Tagen mit Mond in einem Feuerzeichen kannst du gut für eine Sache kämpfen. Du hat vielleicht weniger Angst davor, Konflikte anzugehen. Aber Vorsicht, auch die anderen sind heute streitbarer. An Tagen mit Mond in Feuerzeichen kannst du evtl. mehr Optimismus und mehr Leidenschaftlichkeit erleben, aber auch mehr Machtkämpfe. Dabei übersiehst du vielleicht die längeren emotionalen Folgen deines Verhaltens.

Zimmerpflanzen und Garten: Der Mond weist auf den Pflanzenteil Frucht hin, Früchte sollen an diesen Tagen viel Süße enthalten und gut erntereif sein.

Anregungen für den Haushalt: Gute Tage, um etwas zum Strahlen und Glänzen zu bringen, wie z.B. beim Fenster, Silber, Spiegel oder Schuhe Putzen.

Ernährung: Eiweiß soll an diesen Tagen vom Körper verstärkt aufgenommen werden, Vorsicht für Personen mit Eiweißstoffwechselkrankheiten wie z.B. Gicht.

5.6. Tage mit Mond im Wasserzeichen

Wasserzeichen sind Krebs, Skorpion und Fische.

Das Element Wasser steht in der Astrologie für Gefühlstiefe, Intuition, Spiritualität und Reinigung. An Tagen mit Mond in einem Wasserzeichen kannst du „nah am Wasser gebaut haben...", also leichter weinen, aber auch für alle anderen Gefühle offener sein. An wässrigen Tagen nimmst du deine Gefühle und die deiner Mitmenschen viel intensiver wahr, bist emotional offener und verletzlicher. Das können andere Menschen auch als launisch oder unberechenbar empfinden. An Tagen mit Mond in Wasser kannst du über eine Meditation oder ein Orakel leichter in Kontakt mit Deinen intuitiven Kräften kommen. Allerdings kann dein Sinn für die äußere, nüchterne Realität etwas getrübt sein.

Zimmerpflanzen und Garten: Der Mond weist auf den Pflanzenteil Blatt hin, gute Tage zum Düngen und gründlichen Gießen.

Anregungen für den Haushalt: Gute Tage zum Putzen und feucht Wischen, beim Wäsche Waschen ist weniger Waschmittel nötig.

Ernährung: Wasser und Kohlenhydrate sollen leichter vom Körper aufgenommen werden, Vorsicht für Personen mit Stoffwechselkrankheiten wie z.B. Diabetes.

5.7. Tage mit Mond im Erdzeichen

Erdzeichen sind Stier, Jungfrau und Steinbock. Das Element Erde steht in der Astrologie für Genussfreude, Bodenständigkeit, Ausdauer und Zuverlässigkeit. An Tagen mit Mond in einem Erdzeichen steht eine gute Energie für ausdauernde lästige Routinetätigkeiten zur Verfügung, ebenso gelingen Kontrolltätigkeiten und Ausarbeitungen an kleinen Details gut. Alle Themen, die mit dem Körper, dem Essen und dem materiellen und finanziellen Auskommen zu tun haben, sind an erdigen Tagen stärker spürbar.

An Tagen mit Mond im Erdzeichen kannst du die Dinge realistischer sehen, kannst gut prüfen, was Bestand hat von Ideen und

Einfällen und kannst gut Nutzen und Risiken eines Plans abschätzen. An Tagen mit Mond im Erdzeichen kann allerdings der Zugang zum Spirituellen und Emotionalen etwas gehemmt sein.

Garten und Zimmerpflanzen: Gute Tage zum Säen und zum Versetzen oder zum Umtopfen von Pflanzen, falls der Erdmond zunehmend ist. Die Mondkraft weist auf den Pflanzenteil Wurzel hin.

Anregungen für den Haushalt: Gute Tage, um Vorräte durchzusehen und auszumisten, um aufzuräumen, einen Haushaltsplan aufzustellen oder einen Kassensturz zu machen und Einnahmen und Ausgaben zu bilanzieren.

Ernährung: An Tagen mit Mond im Erdzeichen sollen Salze besonders gut vom Körper aufgenommen werden, Vorsicht für Personen mit Nierenerkrankungen und Bluthochdruck.

Was bedeutet nun der Mond in den einzelnen Zeichen?

Die Energie des Mondes in den jeweiligen Zeichen tritt umso stärker in Erscheinung, wenn das Zeichen in deinem Geburtshoroskop besetzt ist. Der Mond berührt dann, wenn er durch das Zeichen wandert, die Energie eines deiner Geburtsplaneten. Das heißt, außer dem allgemeinen Mondkalender gibt es noch sehr individuelle Auswirkungen je nach der Planeten und Sternzeichen Mischung in deinem Geburtshoroskop. Im Folgenden können aber nur die allgemeinen Zeitenergien beschrieben werden. Wenn du aber schon weißt, in welchem Zeichen der Mond bei deiner Geburt stand, dann erkennst du dich wahrscheinlich in dieser Mondphase am meisten wieder. Immer wenn der Mond in dem Zeichen steht, in dem er bei deiner Geburt war, bist du emotional ganz in deinem Element.

5.8. Tage mit Mond im Zeichen Widder

Widder ist ein Feuerzeichen. Dem Widder wird der Kopf zugeordnet.

Gesundheit:

Typische Widderkrankheiten sind Bluthochdruck, Kopfweh, Nasenbluten, Schlaganfall, Nasen- und Augenkrankheiten usw. Wer Neigungen zu diesen Krankheiten hat, wird sie an einem Widdermondtag besonders stark spüren. Es kann auch sein, dass dir die Augen brennen oder du empfindlicher für Schnupfen bist.

Psychologisch:

Mit Mond in Widder ist ein guter Tag zum Streiten, evtl. spürst du auch an diesen Tagen besonders Deinen Gerechtigkeitssinn. Hast du einen schon lange schwelenden Konflikt mit einer Person? Wenn Mond in Widder ist, ist so ein Tag eine richtig gute Gelegenheit, es auszusprechen und krachen zu lassen. Falls du selbst keine Widderenergie hast, erschreckt dich an so einem Tag vielleicht die Streitbarkeit anderer Menschen. Widdertage sind grundsätzlich auch gut für Neuanfänge. Gehe etwas Neues an, was du schon lange anfangen wolltest. An Widdertagen kannst du mehr Tatendrang, Selbstvertrauen und Optimismus haben als sonst.

Mode, Wellness

Widder-Tage sind ideale Tage, um einen neuen Hut, eine neue Hochsteck-Frisur oder ein neues Makeup auszuprobieren. Kopfputz ist angesagt!

Kunst, Hobby und Freizeit

Widdertage ist eine gute Gelegenheit, sich mit Politik auseinanderzusetzen. Viele Politiker sind widderbetonte Menschen. Vielleicht macht es dir heute Spaß, eine politische Talkshow anzusehen, wo die Politiker mit Lust herumstreiten. Außerdem sind es gute Tage, um Sport zu treiben.

5.9. Tage mit Mond im Zeichen Stier

Stier ist ein Erdzeichen. Dem Zeichen Stier werden der Nacken und die Schultern zugeordnet.

Gesundheit: Nacken- und Schulterverspannungen können an Stier-Tagen besonders arg sein. An einem Tag, an dem der Mond von Widder in Stier wechselt, kannst du oft morgens ein leichtes Kopfweh spüren und dann merkst du klarer, dass es eigentlich deine Schultern sind, die völlig verspannt sind.

Psychologisch: An Stiertagen kannst du dich gut für etwas einspannen lassen, dich voll ins Zeug legen für eine konkrete Arbeit. Allerdings geht solide Handarbeit an solchen Tagen leichter von der Hand als Kopfarbeit. Tage mit Mond in Stier betonen eine irdische Sinnlichkeit, wenn Sie in dir vorhanden ist. du hast vielleicht Lust, gut Essen zu gehen oder leckere Sachen zu kaufen oder mal wieder zur Kosmetikerin zu gehen, ein Parfüm auszuprobieren.

Stiertage sind auch gute Tage, um einen wirklich gut sitzenden Rucksack auszusuchen.

Wellness, Mode: An Stiertagen ist eine Schulter- und Nackenmassage besonders wohltuend. Auch ausgiebiges, leckeres Essen, Kuscheln, Baden, alles, was den Körper mit sinnlichen Genüssen verwöhnt, tut besonders gut. Gönn es dir ohne schlechtes Gewissen!

Kunst, Hobby und Freizeit: Tage mit Mond im Stier sind gut, wenn du gerne malst oder mal ausprobieren möchtest, wie es ist, mit anderen Farben zu malen. Ebenso ein guter Tag, um ein Grafikprogramm auszuprobieren oder an einer Collage herumzubasteln.

5.10. Tage mit Mond im Zeichen Zwilling

Zwilling ist ein Luftzeichen. Dem Zeichen Zwilling werden Arme und Hände zugeordnet.

Gesundheit: An Zwillingstagen kannst du leichter einen Tennisarm bekommen als an anderen, genauso merkst du es an diesen Tagen schneller in Sehnen und Armgelenken, wenn du viel getippt oder gestrickt hast. Behandele deine Arme und Hände an diesen Tagen achtsamer. Es kann auch sein, dass du aufmerksamer für einen Händedruck bist als an anderen Tagen, genauer spürst, wie er sich anfühlt.

Psychologisch: Zwilling lebt vom geistigen Austausch, vom Handel und Wandel. An Zwillingstagen hast du vielleicht mehr Lust auf geistige Streitgespräche, auf intellektuellen Schlagabtausch, auf fetzige Diskussionen. Zwilling hat Spaß an der Diskussion an sich, es ist egal, was dabei herauskommt. Du hast vielleicht Lust, stundenlange Telefonate zu führen oder ausgiebig zu chatten oder endlich mal einige Bekannte abzutelefonieren, Kontakte auf-zufrischen. Vielleicht flirtest du auch leichter an den Tagen.

Wellness, Mode: Probier einen neuen Armreif aus. Creme mal bewusst deine Hände und Arme ein, nicht nur immer das Gesicht. Achte beim Tanzen mal auf deine Armbewegungen, nicht nur auf die Füße.

Kunst, Hobby und Freizeit: Tage mit Mond in Zwilling eignen sich, einen Artikel für die Zeitung oder zu schreiben oder einen längeren Beitrag für eine Homepage oder einem Blog.

5.11. Tage mit Mond im Zeichen Krebs

Krebs ist ein Wasserzeichen. Dem Krebs werden die Lunge, die Bronchien, die Brüste und der Magen zugeordnet.

Gesundheit: Wer einen schwachen Magen hat, spürt ihn an die-sen Tagen besonders. Essen, was du sonst ganz gut verträgst, kann an Krebstagen zu Sodbrennen oder Magendrücken führen. Auch wer zu Husten, Asthma und Bronchitis neigt, spürt seine Lunge und seine Bronchien mehr. Falls du dachtest, die Erkältung ist schon so gut wie vorüber und Mond in Krebs kommt, geht der Husten erst so richtig los. Willst du jemandem etwas husten? Der Tag ist ideal dazu!

Psychologisch: Mond in Krebs betont eine Neigung, schneller in Tränen auszubrechen als sonst, leichter ins Melancholische zu gehen, etwas wehleidiger und emotional empfindlicher zu sein. Gönn' dir deine Gefühle, sie gehören auch zu dir, auch wenn es dir vielleicht peinlich ist. Einen blöden Spruch, den du sonst locker wegsteckst, nimmst du dir an Mond in Krebs Tagen auf einmal zu Herzen und bist schnell verstimmt und verletzt. Mond in Krebs kann deine mütterliche Seite betonen. Vielleicht hast du Lust, ein paar Freunde und Freundinnen einzuladen und sie zu bekochen. Oder du spürst dein Verhältnis zu deiner Mutter und deiner Familie auf einmal stärker, hast wieder Lust, etwas mit deiner Familie zusammen zu machen. Mond in Krebs ist ein guter Tag, um neue Kochrezepte auszuprobieren und um andere zu umsorgen und zu trösten.

Mode, Wellness: Falls du leicht Magenschmerzen kriegst an diesen Tagen, gönn dir einen Kamillentee oder Schonkost. Falls du gut drauf bist und abends ausgehst: Wage mal einen tieferen Ausschnitt.

Kunst, Hobby und Freizeit: Tage mit Mond in Krebs sind für Musiker eine Wohltat. Du singst in einem Chor, spielst E-Gitarre oder probst in einer Band? An diesen Tagen hast du besonders viel Gefühl für Musik, kannst aus dem Bauch raus den richtigen Ton treffen oder eine Idee für einen neuen Song bekommen.

5.12. Tage mit Mond im Zeichen Löwe

Löwe ist ein Feuerzeichen. Dem Löwen werden das Herz, der Rücken und die Haare zugeordnet.

Gesundheit: Du hast öfter Rückenschmerzen oder eine schlechte Haltung? Mond in Löwe ist der ideale Tag für Rückengymnastik. Du spürst deine Haltung stärker, auch deine Fehlhaltungen können dir an diesen Tagen leichter bewusst werden.

Psychologisch: An Tagen mit Mond in Löwe kannst du Haltung und Rückgrat zeigen, du kannst leichter ein Gefühl für deine Würde und Deinen inneren Wert entwickeln. Wenn du in einer schwierigen Lage bist, stehst du an Tagen mit Mond in Löwe ein Konfliktgespräch gut durch, weil du dir deines eigenen Wertes und deiner inneren Haltung bewusster sein kannst. Es kann auch sein, dass du es an diesen Tagen mal genießen willst im Mittelpunkt zu stehen.

Wellness, Mode: Eine Möglichkeit, die Löwe Energie für dein Wohlbefinden zu nutzen, ist die Rückengymnastik. Auch beim Tanzen kannst du Deinen Rücken bewusster spüren, kannst selbstbewusster und souverän auf der Tanzfläche auftreten. Du willst eine Löwenmähne? Dann solltest Du nur an Löwe- und Jungfrautagen zum Friseur gehen. Danach sitzt der Schnitt wirklich gut und die Haare wachsen voll und glänzend nach.

Kunst, Hobby und Freizeit: Du willst Schulsprecher*in werden? Du interessierst dich für die Jugendorganisation einer Partei, für Politik oder willst dich in einer Umweltorganisation engagieren? Löwebetonte Tage sind gute Tage, um dein Programm oder dein Engagement lautstark und selbstbewusst zu vertreten und Flagge zu zeigen.

5.13. Tage mit Mond in Jungfrau

Jungfrau ist ein Erdzeichen. Es steht für Askese, Verzicht, für Genauigkeit und ein starkes Ordnungsbedürfnis. Dem Zeichen

Jungfrau werden die inneren Verdauungsorgane zugeordnet, in denen der Körper entscheidet, was er sich aus der Nahrung nehmen und was er ausscheiden will.

Gesundheit: Wenn du dazu neigst, dich gerne gesund zu ernähren, kann es sein, dass du an Jungfrautagen besonders auf deine Ernährung achtest. Es kann auch sein, dass du gerne im Bioladen oder im Reformhaus einkaufst oder denkst, vielleicht sollte ich doch vegetarisch leben? Wenn du zu regelmäßigen Verdauungsbeschwerden neigst, können sie an Jungfrautagen besonders auftreten. Zwing dich nicht, an solchen Tagen etwas zu essen, was dir widerstrebt, dein Darm könnte schnell drauf reagieren.

Psychologisch: Tage mit Mond in Jungfrau eignen sich für genaue Buchhaltung und Mathearbeiten. Das kann heißen, dass du an Jungfrautagen gut mal Kassensturz in deiner Haushalts- oder Taschengeldkasse machen kannst, gut prüfen kannst, wie du mit deinem Geld so hinkommst. Es kann auch sein, dass du dich auf einmal dabei ertappst, die innere Bilanz einer Freundschaft zu ziehen. Du fragst dich vielleicht auf einmal: „Lohnt sich diese Freundschaft noch für mich oder investiere ich hier nicht zu viel?" An Jungfrautagen können dir die Mathehausaufgaben etwas leichter fallen als sonst. Jungfrautage eignen sich zum Aufräumen, zum Sortieren und Ausmisten. Es können aber auch Tage sein, an denen du einfach überkritisch und nörgelig bist und in allem das Haar in der Suppe erkennst.

Mode, Wellness: Tage mit Mond in Jungfrau eignen sich noch einmal gut zur Haar- und Nagelpflege. Trenn dich von Deinen Haarspitzen oder den schon eingerissenen Nägeln, gönn' dir eine Haarkur oder einen Nagelbalsam, gesundes Essen, probier' ein Salatrezept aus oder hol dir etwas Leckeres aus dem Bioladen.

Aber fang nicht an, sinnlos rumzudiäten. dein Körper narrt dich sonst und schlägt doppelt wieder zu, sowie es wieder mehr zu Essen gibt.

Kunst, Hobby und Freizeit: Jungfrau betonte Tage eignen sich für eine Korrektur, eine gründliche und kritische Überarbeitung dessen, was du an anderen Tagen im ersten kreativen Schwung produziert hast. Aber übertreib es nicht und laß kein gutes Haar mehr an deinem Produkt, sondern sieh es einfach kritisch und nimm dir jetzt die Zeit für die Details!

5.14. Tage mit Mond im Zeichen Waage

Waage wird dem Element Luft zugeordnet. Dem Sternzeichen Waage wird die Haut als Körperregion zugeordnet.

Gesundheit: Wenn du sowieso eine empfindliche Haut hast, spürst du sie an Waagetagen besonders. Aber auch normale Haut kann an Waagetagen empfindlicher sein, eher spannen oder jucken. Falls du eine chronische Hautkrankheit hast wie z.B. Neurodermitis, kannst du dich darauf einstellen, dass deine Haut an diesen Tagen doppelt empfindlich ist.

Psychologisch: Tage mit Mond in Waage wecken in uns allen ein Bedürfnis nach Schönheit, Liebe, Harmonie und Verständnis. Es sind gute Tage, um ein versöhnliches Wort zu sprechen oder einen alten eingeschlafenen Kontakt wieder aufzunehmen. Wir sehnen uns alle manchmal nach einer lautlosen Verständigung ohne Worte. Ein Flirt, der an einem Waagetag bezaubernd begonnen hat, kann sich bald als eine Illusionen herausstellen, wenn die ersten klaren Worte und Taten folgen. Unser verstärktes Bedürfnis nach Liebe und Harmonie lässt uns an diesen Tagen unkritischer sein und lässt uns vieles glauben, was wir ersehnen.

Tage mit Waagemond regen unser Verhältnis zu den schönen Künsten an, es kann sein, dass dir auf einmal ein Bildband auffällt oder der Kunstunterricht oder Musik mehr Spaß macht als sonst.

Mode, Wellness: Falls du an diesen Tagen Pickel hast, krieg nicht die Krise, auch Tage mit Mond in Waage gehen vorbei. Fatal ist, dass Mond in Waage unser aller Bedürfnis, schön und attraktiv zu sein, verstärkt. Also der ideale Tag, um ein großes Make up aufzutragen, wenn da nur die Haut mitspielt... Auf alle Fälle die empfindlichen Regionen nach dem Schminken gut reinigen und desinfizieren, also nicht nur hübsch sein wollen, sondern die Haut davor und danach gut pflegen. Mache dir klar, wahre Schönheit kommt von innen. Lass Deinen Charme voll spielen, auch wenn du mit deinem Makeup nicht ganz zufrieden bist. Trau dich, mal einen Flirt anzufangen.

Kunst, Hobby und Freizeit: Tage mit Mond in Waage sind wieder gut für Musiker, aber weniger, um aus dem Bauch heraus einen großen Song zu kreieren. Waageenergie ist gut, um in Ruhe an der Technik und den Harmonien zu feilen, zu üben und einen Auftritt gründlich vorzubereiten.

5.15. Tage mit Mond im Zeichen Skorpion

Das Zeichen Skorpion gehört zum Element Wasser. Dem Zeichen Skorpion werden die Harn ausscheidenden Organe, also Nieren, Blase und Harnröhre, und die Geschlechtsorgane zugeordnet.

Gesundheit: Falls du dazu neigst, eine Blasenentzündung zu kriegen, kann es dich an diesen Tagen besonders erwischen. Bärentraubenblättertee, den es rezeptfrei in der Apotheke gibt, ist ein gutes Mittel bei einer leichten Blasenerkältung. Falls du deine Tage hast, kann es sein, dass du dich stärker spürst, evtl. mehr Bauchweh als sonst hast oder auf gute Ideen gegen das Bauchweh kommst. Skorpiontage sind außerdem gute Tage, um dich zum Thema Sex und Verhütung auf den neusten Stand zu bringen.

Psychologisch: Das Zeichen Skorpion regiert über tiefe menschliche Gefühle, Leidenschaftlichkeit und Sexualität. Es kann sein, dass du an dem Tag besonders stark spürst, für wen du gerade schwärmst. du ertappst dich bei Tagträumen, wie du ihm/ihr endlich signalisieren könntest, dass du die/der Richtige bist. Oder du hast mit deine*m ersten Freund*in oder ein erstes Date und merkst an den Tagen, dass das Thema Sex immer wichtiger wird und dass ihr dringend über Verhütung reden solltet. Es kann auch gut sein, dass du nachts erotische oder sexuelle Träume hast oder dass du merkst, dass an diesen Tagen alle Leute zweideutige Witze machen. Außerdem öffnet uns der Skorpionmond für tiefe Zusammenhänge, die über die menschliche Ebene hinausgehen. Es kann sein, dass du an diesen Tagen verstärkt über den Sinn des Lebens oder ein Leben nach dem Tod oder über Magie grübelst. Vielleicht träumst du von deiner verstorbenen Oma, bekommst Lust, einen Friedhofsspaziergang zu machen oder düstere, melancholische Musik zu hören.

Mode, Wellness: Trau dich, in einem Laden ein Kondom zu kaufen, am besten so ein schrilles, buntes Teil (Rot mit Erdbeergeschmack? Gelb mit Banane?). Betrachte es als eine Mutprobe. Pobier mal eine andere Sorte Tampons oder Menstruationsbinden aus, falls du an einem solchen Tag deine Tage hast. Wie wäre es mit wiederverwendbaren Menstruationskappen oder Schwämmchen? Frag deine Freund*innen, was sie über Verhütung wissen, kauft Euch ein paar Kondome und ein Buch über Verhütungsmittel und macht Euch einen lustigen Nachmittag damit.

Kunst, Hobby und Freizeit: Wenn du dich in deiner Freizeit in einer Gruppe oder einem Verein engagierst oder an diesen Tagen mit einer Gruppe etwas unternimmst, wirst du vielleicht merken, dass du die Gefühle in der Gruppe klarer spüren kannst. Du spürst klarer, wer mit wem gerne was macht, welche Untergruppen es in der Gruppe gibt, wer wen ablehnt usw.. Die zwischenmenschliche Spannung oder Anziehung ist klarer erfahrbar und lenkbarer an diesen Tagen, wenn du die Begabung hast, mit diesen zwischenmenschlichen Energien zu arbeiten.

5.16. Tage mit Mond im Zeichen Schütze

Das Sternzeichen Schütze wird dem Element Feuer zugeordnet. Dem Zeichen Schütze wird die Körperregion der Hüfte und des Beckens zugeordnet.

Gesundheit: Für Menschen, die mit einer Neigung zum Hexenschuss oder mit einer Fehlstellung der Hüfte leben, können diese Tage besonders schmerzhaft sein. Wenn du dich ungünstig bückst, ist die Gefahr, dich zu verrenken, höher als an anderen Tagen. Auch hier spielt wieder das Thema Haltung eine Rolle, aber eher vom Becken aus, das ja eng mit unserer Wirbelsäule verbunden ist.

Psychologisch: Auch Schütze hat wie Löwe mit der Haltung zu tun, beim Schützenmond geht es aber eher um die geistige Haltung. An Schützetagen bekennen wir gerne, wes Geistes Kind wir sind. Es kann sein, dass dir an diesen Tagen die Diskussion im Religionsunterricht auf einmal Spaß macht. Du entdeckst Freude daran, Wertevorstellungen, Philosophien oder die Ideen der verschiedenen Religionen gegeneinander zu halten und auszuloten. An Mond in Schützetagen kommt es aber auch leicht dazu, dass wir andere für unsere Weltanschauung gewinnen und missionieren wollen. Also sei darauf gefasst, wenn der Religionslehrer oder dein Pfarrer sehr zornig zurück argumentiert, er ist wahrscheinlich ein Schütze betonter Mensch.

In der Magie gilt unser Becken als ein Kessel, in dem unser inneres Feuer lebt und kocht.

Mode, Wellness: Probiere ein Kleid oder einen Rock an, der deine Hüfte betont. Wenn du ein breiteres Becken hast, was ja nicht zur gerade gängigen Mode passt, versuche nicht, es zu überspielen. Erlaube dir, die Power zu spüren, die in deinem Becken ruht. Geh in eine Salsa Disko, schwing die Hüften. An Tagen mit Mond in Schütze ist auch eine gute Energie dafür gegeben, Deinen Silberschmuck zu reinigen und auf Hochglanz zu polieren.

Kunst, Hobby und Freizeit: Falls du dich für geistige Dinge interessierst, hast du an dem Tag eine gute Energie um z.B. einen Vortrag über Religionen zu hören oder ein spannendes Fantasy-Buch zu lesen oder dein Interesse für Magie zu vertiefen.

5.17. Tage mit Mond im Zeichen Steinbock

Das Zeichen Steinbock wird dem Element Erde zugeordnet. Im Zeichen Steinbock besteht eine besondere Beziehung zu allem Harten, Festen in unserem Körper, also zu den Zähnen und den Knochen.

Gesundheit: Steinbocktage sind gute Tage, um über eine gesunde Zahnpflege nachzudenken. Magst du deine Zähne? Spürst du vielleicht schon länger ein Ziehen an einer Stelle im Mund, schiebst einen Zahnarzttermin auf die lange Bank? Überwinde dich, ruf an, tu was für deine Zähne!

Psychologisch: Steinbockenergie ist gut für unsere Disziplin und Ausdauer. An Tagen mit Mond in Steinbock kannst du dich meistens besser überwinden, etwas zu tun, was dir zwar keinen Spaß macht, wovon du aber weißt, dass es notwendig ist, es endlich zu tun. An Steinbocktagen kannst du vielleicht länger und ausdauernder an einer Sache arbeiten als sonst. Der Steinbockmond verstärkt unser Empfinden für moralische Gebote und Vorschriften. Ein mahnendes Wort deiner Eltern, doch endlich mehr für Englisch zu lernen, beeindruckt dich an so einem Tag vielleicht mehr als sonst. Wenn du im Kern weißt, dass deine Eltern recht haben, lassen sich ihre Ermahnungen oder Ansichten an diesen Tagen nicht so locker nehmen wie sonst. Es kann auch sein, dass du in dir selbst entdeckst, dass du deine eigenen Moralvorstellungen entwickelt hast und genau siehst, an welchen Punkten sich deine Eltern unfair verhalten.

Außerdem verstärkt der Steinbockmond unsere Fähigkeit, klar zu sehen, wo wir uns übernehmen und wo wir unseren Stress vielleicht reduzieren könnten, um genug Zeit und Kraft für die wesentlichen Dinge zu haben. Überprüfe, wie du mit deiner Zeit und Deinen Kräften haushaltest. An Mond in Steinbock merken wir auch unsere Vorgesetzten stärker als sonst. Wenn wir selbst Vorgesetzte geworden sind, müssen wir aufpassen, heute nicht zu streng zu sein.

Mode, Wellness: Probiere eine neue Zahnpasta aus! Hast du mal Zahnseide oder Interdentalbürstchen benutzt? Kauf dir eine neue Zahnbürste, lass dir den Gebrauch von Zahnseide erklären. Überprüfe, wie oft am Tag du dir die Zähne putzt. Gesunde Zähne sind der schönste Schmuck für dein Lächeln. Inzwischen gibt es auch Zahnschmuck, kleine Glitzersteine für die Zähne, die dein Lachen noch mehr betonen.

Kunst, Hobby und Freizeit: Wenn du gerne als Heimwerker*in aktiv bist, sind diese Tage gut, um in den Baumarkt zu fahren, Material und Werkzeug zu kaufen, Löcher in die Wände zu bohren oder etwas zu schreinern. Wenn du ein Interesse an der Bildhauerei hast, z.B. gerne mit Speckstein schnitzt, kann es sein, dass du an diesen Tagen besonders kreativ bist.

5.18. Tage mit Mond im Zeichen Wassermann

Das Zeichen Wassermann wird dem Element Luft zugeordnet, auch wenn das vom Namen des Zeichens her erst einmal überrascht. Dem Wassermann werden die Körperregionen der Oberschenkel, der Venen, der Beinmuskulatur und das Sprunggelenk zugeordnet.

Gesundheit: Wenn du einen Job hast, in dem du viel stehen musst, spürst du deine Beine an Wassermanntagen besonders. Wenn du schwache Venen oder niedrigen Blutdruck hast, staut sich das Blut an diesen Tagen besonders in den Beinen. Vielleicht hilft es dir, die Beine öfter mal hochzulegen. Vorsicht mit den Sprunggelenken beim Joggen!

Psychologisch: Wassermann macht uns sprunghaft im Geiste. Vielleicht ertappst du dich dabei, dass du in einer Diskussion auf einmal das genaue Gegenteil der Meinung vertrittst, die du noch vor ein paar Tagen als deine felsenfeste Meinung angesehen hättest. Und du merkst, auch das Gegenteil von dem, was du immer gedacht hast, hat einen Funken Wahrheit. An Wassermanntagen trauen wir uns eher, auch mal unkonventionelle Dinge zu tun oder seltsame Ansichten offen zu vertreten. Wassermann vertraut auf die Magie des Wortes und der Schrift. Vielleicht schreibst du an diesen Tagen lange Briefe oder E-Mails oder du liest ein Buch in einem Tag durch. Oder du merkst beim Sprechen, dass du dich auf einmal viel besser ausdrücken kannst als sonst, dass dir dein Herz auf der Zunge liegt. Leider drücken sich auch Lehrer an Wassermanntagen etwas weitschweifiger aus und hören sich selbst gerne reden. Wassermanntage sind außerdem gut, sich mit der Theorie von etwas oder mit abstrakten Ideen und Idealen auseinanderzusetzen. Auch wenn du vielleicht eher ein praktischer Mensch bist, an Wassermanntagen kannst du dir das Theoriewissen dazu leichter aneignen.

Mode, Wellness: Wenn du glaubst, zu dicke Oberschenkel zu haben, mache dir klar, du bist damit nicht allein. Es gibt auf der ganzen Welt nur ca. 10-15 Frauen, die wie Supermodels aussehen, nämlich die Supermodels selbst. Alle anderen Frauen meinen, sie müssten so aussehen, haben aber nicht das Geld, die Drogen, die Fotographen, die Modemacher und Schönheitschirurgen zu bezahlen, die für ein Leben als Supermodel nötig sind.

Probiere mal einen anderen Schnitt von Hosen aus. Überlege dir, wie eine bequeme Hose sein müsste, auch wenn der Schnitt nicht gerade in ist. Eine gute Beinmassage ist das Wassertreten oder das Schwimmen. Es kann auch sein, dass du an Wassermanntagen auf einmal wieder Lust zum Joggen bekommst. Unsere Beine sind zum Laufen da. Gönn' dir ein paar Hopser und Sprünge, lauf nicht immer im gleichen Trott!

Kunst, Hobby und Freizeit: Wassermanntage sind die idealen Tage für den großen Aufsatz. Oder schreibe den lange aufgeschobenen Brief an deine Oma, die leider kein Email hat und noch auf so altmodische Dinge wartet wie auf einen Brief von dir, der mit der Post kommt. Außerdem ist es wieder ein guter Tag für einen schriftlichen Beitrag für eine Homepage, einen Blog, einen Podcast zu sprechen oder ähnliches.

5.19. Tage mit Mond im Zeichen Fische

Das Zeichen Fische wird dem Element Wasser zugeordnet. Dem Zeichen Fische wird die Körperregion der Füße zugeordnet sowie das Nervensystem.

Gesundheit: Wenn du Einlagen hast und sie nur selten trägst, zieh sie an Fischetagen unbedingt an. Wenn du zu kalten oder zu Schweißfüßen neigst, wirst du deine Füße an diesen Tagen besonders spüren. Die Füße können an Mond in Fische Tagen auch schneller brennen oder drücken als an anderen Tagen. Falls du an nervösen Einschlafstörungen leidest, bist du an Mond in Fische Tagen oft unruhiger und angespannter. Falls du mit Schmerzkrankheiten lebst, z.B. oft Migräne hast, kann an solchen Tagen der Schmerz stärker sein als sonst.

Psychologisch: Fischetage machen uns besonders empfänglich für unsere Gefühle und die Gefühle anderer. Es kann sein, dass du die unausgesprochenen Gefühle der anderen Menschen an diesen

Tagen besonders deutlich an ihrer Mimik und Gestik spürst. Es kann auch sein, dass du leichter in Tagträume verfällst oder besonders stark auf eine Meditation ansprichst. Fischeenergie weckt in uns die Sehnsucht, uns in einer Art Nebel zurückzuziehen, wo die Realitäten verschwimmen, die Grenzen nicht mehr scharf sind und andere Dinge möglich sind als bei nüchternen Tageslicht betrachtet. Fischeenergie kann die tiefe spirituelle Sehnsucht spüren lassen, die in allen Menschen mehr oder weniger stark angelegt ist. Ein Tag mit Mond in Fische kann aber auch dazu verführen, sich in Fantasiewelten oder in Drogenrausch zurückzuziehen. Was weißt du über Drogen? Faszinieren dich andere Welten? Wenn der Mond im Zeichen Fische steht, brauchst du meistens keine Drogen, sondern nur die Kraft deiner Sehnsucht und Phantasie, um ein Gefühl dafür zu bekommen, dass diese Realität, die Realität genannt wird, nicht alles ist.

Mode, Wellness: Tu Deinen Füßen etwas Gutes! Probiere eine erfrischende Fußcreme oder ein Fußbad. Fischetage sind gute Tage, um bequeme Schuhe zu kaufen. Auch wenn du sonst gerne schicke Schuhe trägst, tu es dir nicht an an solchen Tagen, denn die Füße brennen einfach viel schneller. Jeder Schuh, den du sonst lange tragen kannst, kann heute schnell drücken. Lackier' dir die Fußnägel, gönn dir ein Fußbad. Falls du schlecht einschlafen kannst, helfen vielleicht ein paar Tropfen Lavendelöl auf dem Kopfkissen. Statt harter Drogen kannst du die berauschende Wirkung von ätherischen Ölen testen.

Kunst, Hobby und Freizeit: Tage mit Mond in Fische sind Tage, an denen wir manchmal gerne ganz konkret im Wasser sind, gerne Baden oder Schwimmen gehen. An Fischetagen kann es außerdem sein, dass du wieder sehr sensibel für die Stimmung in deiner Clique bist, an denen du vieles spürst, was die Leute nicht so aussprechen. Es kann sein, dass du dich schlecht abgrenzen kannst und dass dich die Gefühle anderer Menschen, mit denen du Mitleid hast, regelrecht überschwemmen.

5.21. Wie genau sollte ein astrologischer Mondkalender sein?

Zum Abschluss noch ein paar technische Fragen. Ein guter Mondkalender sollte mindestens einen Hinweis enthalten, in welchem Zeichen der Mond um 0:00 Uhr stand. Gute Mondkalender enthalten außerdem die genaue Zeitangabe, wann der Mond das Zeichen wechselt. Der Mond kann sich z.b. um 0:00 Uhr im Steinbild Löwe befinden und schon um 0:15 Uhr ins Steinbild Jungfrau wechseln. Dann steht fast der ganze Tag unter Mond in Jungfrau-Einfluss. Aber in einem Kalender, der sich nur nach der 0:00 Uhr Stichzeit richtet, findest du den ganzen Tag so beschrieben, als ob er nur unter Mond in Löwe-Einfluss stände.

Ein guter Mondkalender gibt dir nicht nur einfach die astrologischen Daten, sondern verhilft dir gerade am Anfang Jahres über konkrete Ausdeutungen und Tipps für den jeweiligen Tag dazu, zu verstehen, was diese Mondstellung für den Tag bedeuten könnte und wie du sie praktisch nutzen kannst. Diese Tipps für den Tag sollten sich nicht schablonenhaft identisch wiederholen, immer wenn der Mond erneut im jeweiligen Zeichen ist, sondern sollten abwechslungsreich und originell gestaltet sein. In einem guten astrologischen Mondkalender findet sich auch ein Hinweis darauf, wann die Sonne das astrologische Zeichen wechselt.

Wenn Neumond und Vollmond nicht nur am jeweiligen Tag angegeben werden, sondern auch mit einer exakten Zeitangabe versehen sind, ist das ein weiterer Qualitätshinweis. (Da steht dann z.B. Vollmond in Wassermann am 4. August um 7:57 Uhr, mit der exakten astrologischen Gradangabe, z.B. auf 11 ° 56' Wassermann, jedes Zeichen hat im Tierkreis 30 °, anhand der Gradangabe ist eine genauere astrologische Deutung möglich.) Astrologische Kalender für Fortgeschrittene enthalten außerdem noch Hinweise auf den Verlauf anderer Planeten durch die Zeichen.

Wenn du solche Zeitangaben haben willst, ist es wichtig zu wissen, auf welche Zeitzone sich der Kalender bezieht und ob die Sommerzeit eingerechnet ist oder nicht. Für die Planung von Mondritualen sind außerdem die Angaben zum Mondaufgang und Monduntergang hilfreich.

5.22. Mond und Menstruationskalender

Wie hängen der Mond und der Menstruationskalender zusammen? Historische Wissenschaftlerinnen gehen davon aus, dass die ältesten Kalender noch vor den Mondkalendern die Menstruationskalender waren. In den Höhlen der Steinzeitmenschen haben sich Ansammlungen von Ritzungen und Einkerbungen in den Höhlenwänden gefunden, die sich so interpretieren lassen. Der Mondkalender mit 29,5 Tagen je Umlauf und der Menstruationskalender mit 28 bis 29 Tagen Abstand zwischen den ersten Blutungstagen können parallel laufen. Dann bekommst du fast immer im gleichen Sternzeichen oder in der gleichen Mondphase deine Tage, wenn deine Menstruation sehr regelmäßig kommt. Das ist aber in jüngeren Jahren oft noch nicht so, der Menstruationsrhythmus deines Körpers muss sich ja erst einspielen. Wenn du über deine Menstruation Buch führst, ist ein Vergleich von deinem Menstruationskalender mit deinem Mondkalender interessant. Dann kannst du sehen, ob du immer dann menstruierst, wenn der Mond im gleichen Zeichen ist, oder ob deine Menstruation auch durch die Zeichen wandert wie der Vollmond im Laufe des Jahres. Spannend ist außerdem, dein Erleben einer Menstruation bei Vollmond mit einer Menstruation bei Neumond zu vergleichen.

5.23. Abschließende Worte zum Mondkalender

Wie du an meinen Deutungen gemerkt hast, ist jeder Mondkalender auch immer abhängig von der Astrologin oder der Autorin, der oder die ihn macht. Insofern ist es auch wichtig, dass dir die Sprache gefällt, die in deinem Kalender verwendet wird. Wie kann ein Alltag mit einem Mondkalender aussehen? Ich verschiebe zum Beispiel, wenn möglich, bestimmte Tätigkeiten oft um ein oder zwei Tage nach vorne oder nach hinten, um eine günstigere Tagesenergie zu nutzen. Ich richte mein Leben aber nicht zwanghaft danach aus, so dass ich mich weigere, bestimmte Dinge zu tun, nur weil der Mond heute dafür ungünstig ist. Wenn die Mondenergie ungünstig ist, ich aber trotzdem bestimmten Pflichten nachkommen muß, plane ich für diese Tätigkeiten mehr Zeit ein. Außerdem hat mir der Mondkalender geholfen, das Auf und Ab meiner Stimmungen besser zu verstehen.

Mondkalender und astrologische Kalender, die ich sehr gerne verwende, sind z.B. der spirituell feministische Kalender die Jahrestänzerin oder der Mondkalender vom Knaur Verlag. Daraus habe ich auch einige Anregungen für diesen Text entnommen. Ich wünsche dir auf alle Fälle viel Spaß mit deinem Mondkalender und bei der Entdeckung der astrologischen Rhythmen der Planeten!

6 – Die Planeten im Geburtshoroskop und im Transit

Nachdem du jetzt mit dem Mondkalender alle Sternzeichen kennen gelernt hast, kannst du hier die astrologische Sicht auf die Planeten kennen lernen. Aus astrologischer Sicht wird auch der Mond als Planet bezeichnet, auch wenn das astronomisch nicht korrekt ist.

6.1. Merkur im Geburtshoroskop und im Transit

Die Energie des Planeten Merkur kann sich im Zeichen Zwilling oder im 3. Haus und im Zeichen Jungfrau oder im 6. Haus besonders gut entfalten, im Zeichen Schütze sehr schlecht. Merkur ist der der Sonne am nächsten stehende Planet, deswegen ist seine Bahn von der Erde aus gesehen immer sehr nah an der Sonne. Merkur kann im Horoskop dadurch maximal 30 ° von der Sonne entfernt stehen, also immer nur im gleichen Zeichen wie die Sonne oder maximal im Nachbarzeichen. Merkur wandert in Abhängigkeit von der Sonne durch die Himmelsbahn, mal ihr ein wenig voraus, mal kurz hinter ihr. Merkur (griechisch Hermes) ist in der römisch-griechischen Mythologie der Götterbote, der Vermittler zwischen den Menschen und zwischen Göttern und Menschen.

Merkur im Geburtshoroskop steht zunächst für unsere Fähigkeit zur Kommunikation und zur Verarbeitung von Informationen. Merkur bestimmt unsere sprachliche und geistige Ausdrucksfähigkeit und unsere Fähigkeit zum Denken. Merkur in deinem Horoskop kann dir sagen, wie du deine Umwelt wahrnimmst. Merkur zeigt an, wie und worüber du gerne oder weniger gerne nachdenkst und sprichst, worüber du dich gerne austauschst. Die Position von Merkur kann anzeigen, ob du eher schweigsam oder ein Kommunikationstalent bist, ob du stockend sprichst oder eine gute

Rednerin bist. Jeder von uns hat bei bestimmten Themen eine ganz eigene Sprache, bestimmte Wörter können für uns Reizwörter, Warnsignale oder der Anfang einer tiefen Sympathie sein. Manche von uns vertrauen eher auf wortlose Verständigung, andere sprechen lieber alles aus, um sich sicher zu sein, richtig verstanden worden zu sein. Manche von uns können locker mit Kritik umgehen und leicht Kritik üben, z.B. bei Merkur in Jungfrau. Andere leiden vielleicht noch wochenlang unter einem falschen, unbedachten Wort und tragen Kritik und Groll sehr lange unausgesprochen mit sich herum, z.B. bei Merkur in Krebs. Auch über dieses innere Verhältnis zur Sprache kann die Position von Merkur im Horoskop Auskunft geben.

Da Merkur auch der Vermittler zwischen Menschen und Göttern war, kann Merkur außerdem auch magische Fähigkeiten der Kommunikation zwischen den Welten anzeigen, die sich z.B. im Ritual oder im Orakel zeigen. Dazu gehört die Fähigkeit der Anrufungen und der Wortmagie.

Merkur im Transit ist meist ein flüchtiger Transit, da Merkur sich sehr schnell um die Sonne bewegt. Merkur bringt die Themen der Planeten, die er im Transit berührt, in deine Kommunikation und in dein bewusstes Denken ein.

In der Ereignisastrologie zeigt Merkur unser Kommunikations- und Handelsverhalten an dem Tag an. Hier ist der rückläufige Merkur noch dafür bekannt, dass in der Zeit wenig Verträge geschlossen werden sollten, da sie wenig Bestand haben. Sie sind oft nicht lange von Dauer. Das gilt für Arbeitsverträge, Anmietungen wie Hochzeiten. Der rückläufige Merkur ist eine gute Zeit, um alte Kunden zurückzugewinnen, alte Rechnungen zu mahnen und die Steuererklärung zu machen.

6.2. Venus im Geburtshoroskop und im Transit

Der Planet Venus kann sich besonders gut im Zeichen Stier (die irdische, sinnliche Venus) oder im Zeichen Waage (die himmlische, geistige Venus) entfalten. Die gegenüberliegenden Zeichen Skorpion oder Widder hemmen Venus in ihrer Entfaltung. Der Planet Venus ist nach der griechisch-römischen Göttin (griechisch Aphrodite) der weiblichen Schönheit und der freien Liebe benannt worden. Der Planet Venus steht von der Erde aus gesehen der Sonne näher als die Erde, ist unser Nachbarplanet zur Sonne hin. Daher kann die Bahn der Venus von der Erde aus nur in Abhängigkeit von der Sonnenbahn gesehen werden. Im Horoskop kann die Venus maximal 45 ° entfernt von der Sonne stehen, sie kann also nur im gleichen, im benachbarten oder maximal im nächst entfernteren Zeichen wie die Sonne stehen.

Venus im Geburtshoroskop steht für unseren Schönheitssinn, unsere Beziehungsfähigkeit, Beziehungsmuster und Erotik. Die Venus in deinem Horoskop gibt Auskunft über deine Fähigkeit, harmonisch und liebevoll auf Beziehungen einzugehen und sie zu gestalten. Sie sagt etwas darüber aus, was du schön und wertvoll findest, was deine Liebe erregt, was du kultivieren möchtest und wie du Frieden in einer Partnerschaft und in dir selbst findest. Das Haus, in dem die Venus steht, weist auf den Lebensbereich hin, in dem sich deine Beziehungen am besten entfalten können. Das Sternzeichen, in dem die Venus steht, bestimmt die Art und Weise, wie du es tust.

Die Venus ist die Urgöttin der Geliebten, der Gefährtin, der gleichberechtigten Partnerin. Deswegen steht die Venus für dieses weibliche Prinzip in unserem Horoskop. Im Horoskop einer Frau weist die astrologische Venus auf die Frauenrolle hin, mit der sie sich gut identifizieren kann und wie sie sich als Frau entfalten und entwickeln will. Im Horoskop eines Mannes steht die Venus für den Frauentyp, den er am meisten begehrt und die Frauenrolle, die er als seine beste Ergänzung empfindet.

Eine Frau mit Venus in der Waage wird sich z.b. sehr nach harmonischen Beziehungen sehnen, vielleicht sehr romantisch sein, gerne flirten und sich gerne ansprechend und feminin kleiden und schminken. Eine Frau mit Venus in Skorpion kann z.B. äußerlich etwas kühl wirken, unter der kühlen Oberfläche können jedoch sehr leidenschaftliche Gefühle brodeln, mit denen sie sich immer tiefer in immer leidenschaftlichere Beziehungen verstricken kann, ohne einem Konflikt oder einem Machtkampf aus dem Wege zu gehen.

Außerdem ist die Venus noch die Herrin der Künste, sie kann eine künstlerische Begabung in dem Zeichen oder Haus anzeigen, in dem sie steht, so z.b. Venus in Steinbock für die Steinbildhauerei oder Venus in Waage für die Musik oder Venus in Stier für die Malerei.

Venus im Transit bringt die Themen der Planeten, die sie im Transit berührt, neu in deine Beziehungen ein oder in die künstlerische Umsetzung.

Venus und Mars im Horoskop sind in gewisser Hinsicht Gegenpole, sie stehen für unser inneres Bild von der männlichen und der weiblichen Rolle, für das männliche und das weibliche Prinzip in unserem Leben. Das Verhältnis von Mars und Venus zueinander im Horoskop kann daher auch Aufschluss darüber geben, wie wir uns das Zusammenspielen von männlicher und weiblicher Energie im Leben vorstellen. Das kann z.B. leidenschaftlich, tragisch, fruchtbar, spannungsreich oder eher gleichmütig und ausdauernd sein.

In der Ereignisastrologie zeigt die Venus unsere Beziehungsthemen an. Die rückläufige Venus kann in der Ereignisastrologie eine Zeitphase anzeigen, in der wir alte Lieben zurückgewinnen wollen und alten Beziehungen wieder begegnen.

6.3. Mars im Geburtshoroskop und im Transit

Mars kann sich im Zeichen Widder und in allen Feuerzeichen gut entwickeln. Im Zeichen Waage verliert Mars viel an Wirkung, auch alle Wasserzeichen schwächen Mars. Mars braucht ca. 687 Tage für seine Umlaufbahn um die Sonne. Für den von der Erde aus sichtbaren Weg durch die Tierkreiszeichen braucht Mars ca. 1,5 Jahre. Der Planet Mars ist nach dem römischen Gott (griechisch Ares) für das Kriegshandwerk und die Männlichkeit benannt worden. Er war ein kriegerischer, tatendurstiger Gott, der viele Affären mit anderen Göttinnen und Halbgöttinnen in der griechisch-römischen Mythologie hatte.

Mars im Geburtshoroskop steht zunächst für deine Durchsetzungs- und Antriebskraft, deine Fähigkeit, dich selbst zu behaupten. Die Stellung von Mars je nach Zeichen und Haus zeigt an, woraus du Energie schöpfen kannst, was dich anregt, oder was dich Kraft kosten kann. Bei Mars in Widder schöpfst du eher Kraft aus Sport, bei Mars in Fische eher aus Schlaf und Träumen. Mars symbolisiert bei Menschen beiderlei Geschlechts die Durchsetzungskraft, die Fähigkeit, Initiative zu ergreifen und etwas in Gang zu setzen. Das Haus zeigt an, wo diese Kraft hauptsächlich eingesetzt wird, und das Zeichen zeigt an, auf welche Weise das geschieht.

Mars steht außerdem für die Grundform der männlichen Energie in unserem Leben. Im Horoskop eines Mannes steht Mars daher für die Art, wie der Mann seine Männerrolle am leichtesten leben kann und am liebsten leben will. Im Horoskop einer Frau steht Mars für den Typ Mann oder die Art von Männerrolle, die sie als eine gute Ergänzung zu sich selbst empfindet.

Ein Mann z.B. mit Mars in Löwe kann sehr selbstbewusst sein, gerne viele Freundinnen wie einen Hofstaat um sich versammeln und sich gerne souverän behaupten und durchsetzen, aber auch schnell wieder großzügig über einen Konflikt hinwegsehen. Ein Mann mit Mars in Fische wird offenen Konflikten eher aus dem Wege gehen wollen, er wird vielleicht wenig Gefallen an einer traditionellen Männerrolle haben, evtl. gerne den Frauen die Initiative überlassen, sehr nachgiebig, aber schwer fassbar in seinen Motiven sein.

Mars im Transit kann den Planeten, die er berührt, neue Power im Ausdruck geben, kann aber auch die Planetenthemen mit Aggressionen verletzen oder ihre Themen gewalttätig zum Ausdruck bringen. Marstransite können außerdem zu neuen Begegnungen mit dem Männlichen in dir und deiner Umgebung führen.

In der Ereignisastrologie zeigt Mars unsere Motivation an, unsere Triebkräfte, unsere Fähigkeit, Dinge anzugehen. Der rückläufige Mars kann im Ereignishoroskop für Zeiten stehen, in denen uns Dinge schwer fallen.

6.4. Der Mond im Geburtshoroskop

Der Mond kann sich am besten im Zeichen Krebs entfalten, im Zeichen Steinbock kann er nur sehr eingeschränkt wirken. Der Mond braucht ca. 29,5 Tage, bis er den Kreis der Sternzeichen einmal durchlaufen hat, er hält sich dabei ca. 2,5 Tage in einem Zeichen auf. Der Mond im Geburtshoroskop steht für die Art unseres Gefühlshaushaltes, für unseren emotionalen Charakter, für Grundmuster unseres Fühlens und Empfindens.

Der Mond beschreibt die tiefste emotionale Schicht deiner Persönlichkeit. Er steht für deine ganz eigene Gefühlswelt mit allen Deinen Hemmungen, Ängsten, Gefühlen, die dich anziehen oder denen du lieber ausweichst. Der Mond zeigt deine tiefen emotionale Bedürfnisse und Sehnsüchte. Die Wurzeln unserer Gefühlswelt reichen oft weit in die Kindheit hinein und sind uns nur selten bewusst. Der Mond im Horoskop zeigt auch an, wie du deine Mutter und deine Beziehung zu ihr in der frühen Kindheit erlebt hast. Auch die Astrologen glauben, dass die Beziehung zur Mutter unsere erste wichtige emotionale Beziehung ist und dass sie unseren Gefühlshaushalt lange Jahre beeinflusst.

Der Mond bestimmt den Reichtum an liebevollen, nährenden und fürsorglichen Gefühlen, die du zu geben hast. Das hängt allerdings oft davon ab, wieviel Fürsorglichkeit du selbst in deiner Kindheit erlebt hast.

Der Mond symbolisiert das innere Mutterbild, das du als emotionales Grundmuster in dir trägst, die Art, wie du deine Mutter und das häusliche Umfeld als Kind erlebt hast. Deine Mutter kann das aber unter Umständen ganz anders erlebt haben oder in Erinnerung haben. Aus diesen Erfahrungen hast du unbewusste emotionale Reaktionen entwickelt, mit denen du auch als Erwachsener reagierst. Wenn du deine Mutter sehr warmherzig und zärtlich erlebt hat, wird es dich später zu solchen Menschen hinziehen. Wenn du deine Mutter eher kühl und abweisend erlebt hast, kann es sein, dass du dein Leben lang kühlen und eher abweisenden Menschen hinterherrennst in der Hoffnung, von ihnen endlich die Liebe zu bekommen, die dir in der Kindheit immer gefehlt hat.

Der Mond zeigt an, zu welchen Menschen du dich emotional leicht hingezogen fühlst. Oft verlieben wir uns leicht in die Menschen, deren Sonnenzeichen unserem Mondstand entspricht. Also, wenn ich Mond in Fische habe, verliebe ich mich sehr leicht in Menschen, die Fisch sind, also Sonne in Fische haben. Allerdings ist das eher so ein emotionaler Reflex, es ist eine emotionale Falle, es heißt nicht, dass wir mit diesen Menschen immer wirklich glücklich werden. Ihre Ausstrahlung erinnert uns einfach an unsere kindlichen und sehr vertrauten Gefühle, so dass wir uns bei diesen Menschen spontan emotional zuhause fühlen.

Eine sehr starke gegenseitige Anziehung entsteht, wenn bei zwei Menschen Sonne und Mond vertauscht sind, also z.B. er Sonne in Krebs und Mond in Löwe, sie Sonne in Löwe und Mond in Krebs. Aber auch das garantiert keine dauerhafte glückliche Beziehung, sondern weitere Aspekte des Horoskopes wie z.B. der Aszendent und Venus und Mars müssen mit analysiert werden.

Mondtransite sind sehr flüchtig, da der Mond sehr schnell durch die Zeichen läuft. Sie schlagen sich in unserem Alltag und in alltäglichen Stimmungsschwankungen und Befindlichkeiten nieder, wie im Text über den Mondkalender beschrieben.

6.5. Die Sonne im Geburtshoroskop und im Transit

Die Sonne nimmt eine Sonderstellung im Horoskop ein. Sie steht für unser Ego, für unser Selbstbild, unser Selbstwertgefühl und für unsere Identität. Sie steht für unseren Wesenskern. Der Stand der Sonne bestimmt die Aussage „Ich bin Wassermann" oder „Ich bin Löwe". Viele Zeitungshoroskope beziehen sich ausschließlich auf den Sonnenstand. Die Sonne in den 12 Zeichen steht für die Zeichen selbst, in ihrer tiefsten Ausprägung. Dennoch wird die Sonne dem Zeichen Löwe zugeordnet, hier kann sich Selbstliebe und Selbstbewusstsein am besten entfalten.

Wenn Planeten in enger Konjunktion zur Sonne im Horoskop stehen, sind sie sehr eng mit unserem Ego verbunden und wir verlieren die kritische Distanz zu diesen Planetenkräften.

Die Sonne im Transit erlaubt eine kurze, positive Aktivierung der berührten Planetenkräfte für ein, zwei Tage. Wir nehmen die Planetenkraft wieder in unser Selbstbild auf an diesen Tagen.

6.6. Jupiter im Geburtshoroskop und im Transit

Der Planet Jupiter ist nach dem Götterkönig des griechisch-römischen Götterhimmels benannt worden. Jupiter (griechisch Zeus) war ein geselliger, großzügiger und lebensfroher König seines Götterreiches, er hatte viele Affären mit Göttinnen, Halbgöttinnen und Menschenfrauen, hat viele Halbgötter gezeugt und sie großzügig beschenkt und unterstützt.

Der Planet Jupiter braucht ca. 12 Jahre für einen Umlauf durch den Tierkreis, er verbleibt dabei ca. 1 Jahr in einem Sternzeichen. Jupiter ist neben der Sonne die größte Masse in unserem Sonnensystem und setzt auch in der Deutung einen weiteren Schwerpunkt im Horoskop. Jupiter kann sich im Zeichen Schütze besonders gut entfalten, im Zeichen Zwilling weniger.

Die Position von Jupiter zeigt ein Sternzeichen an, in dessen Bedeutungsgebiet wir uns gerne großzügig entfalten und ausdehnen wollen. Das Sternzeichen, in dem Jupiter steht, ist uns oft spontan vertraut, wir genießen und fördern seine Energie gerne ohne Einengungen und Begrenzungen. In diesem Bereich spüren wir das Göttliche und Königliche in uns. Das kann manchmal zu einer etwas chaotischen Ausdehnung dieser Themen führen, weil wir diese Themen dabei so gerne unbegrenzt leben wollen. Das Haus, in dem Jupiter steht, zeigt ebenso einen Lebensbereich an, in dem wir uns gerne ungehemmt entfalten, der in unserem Leben eine wichtige und umfangreiche Bedeutung hat. Eine Person mit Jupiter im 4. Haus wird sich viel Zeit für ihre Familie nehmen, jemand mit Jupiter im 10. Haus wird viel Zeit und Energie in den Beruf bzw. die Berufung stecken.

Der Punkt, an dem Jupiter im Horoskop steht, zeigt außerdem eine mögliche Quelle für unsere persönliche Würde und unser Selbstwertgefühl an. Das sind der Lebensbereich (das Haus) und die Sternzeichenenergie, in der wir uns ein bisschen königlich fühlen können, in der wir uns zutrauen, einiges zu verwirklichen. Die Position von Jupiter kann aber auch ein Punkt sein, wo wir uns manchmal überschätzen und zu Luftschlössern oder Größenwahnsinn neigen, weil wir einfach so begeisterungsfähig sind.

Jupitertransite bewirken meistens, dass die Energie des Planeten, den Jupiter berührt, oder des Hauses, durch das Jupiter zieht, stärker zur Entfaltung kommt, wichtiger wird, sich ausdehnt und wächst. Das kann angenehme wie unangenehme Folgen haben. In älteren und in vereinfachenden astrologischen Texten wird Jupiter manchmal als der „Glücksplanet" bezeichnet, der einen Punkt im Horoskop anzeigt, wo der Göttervater großzügige Gaben oder Begabungen verteilt hat. Jupiterenergie kann aber nicht nur großzügig, sondern auch chaotisch sein. Der Überfluss, den Jupiter anzeigt, muss verkraftet werden, und nicht jedes Lebensthema ist im Überfluss so leicht zu bewältigen. Insofern erzwingt auch ein Jupitertransit tiefere Einsichten.

Jupiter im Ereignishoroskop zeigt uns an, wo wir gerade Erfolge feiern und Wachstum erleben können, wo wir für unsere innere Würde und Werte einstehen wollen. Der rückläufige Jupiter steht für eine Zeit geringeren Wachstums und Konsolidierung.

6.7. Saturn im Geburtshoroskop und Transit

So wie Jupiter als „Glücksplanet" angesehen wurde, wurde Saturn oft als sein „Gegenspieler", als „Unglücksplanet" und Hemmschuh angesehen. Jupiter und Saturn sind Gegenpole, gegensätzliche Kräfte im Horoskop, aber ganz so vereinfachend und schwarz weiß gemalt tut man ihnen Unrecht bei der Deutung und Betrachtung.

Saturn (griechisch Chronos) ist nach einer älteren Göttergeneration benannt. Er gilt im griechisch-römischen Sagenkreis als der Urvater von Zeus/Jupiter. In der Entwicklung dieses Sagenkreises kam es zu Kämpfen zwischen den Göttergenerationen, so dass Jupiter Saturn gewaltsam entmachten musste, um selbst als Gottvater und Götterkönig zu regieren. So wie Jupiter als lebenslustiger, großzügiger Göttervater angesehen wurde, so hat Saturn etwas von einem gestrengen Großvater, der auf Gesetze und Normen pocht, auf Disziplin, Moral, harte Arbeit, Pünktlichkeit und klare, feste Strukturen.

Der Planet Saturn braucht ca. 29,5 Jahre, bis er den Tierkreis einmal durchlaufen hat, er verbleibt ca. 2, 5 Jahre in einem Sternzeichen. Interessante, wenn auch nicht ganz einfache Lebensphasen können die Zeitpunkte sein, in denen Saturn zum ersten oder zweiten Mal wieder auf die Geburtsposition zurückkehrt, also wenn die Person 29,5 Jahre oder 59 Jahre alt wird. Astrolog*innen nennen das „Saturnkrise", weil die Person, die diese Lebensphase durchlebt, es oft erst als Krise empfindet und erst später als Bereicherung und Festigung ihrer Persönlichkeit nutzen kann. Saturn kann sich im Zeichen Steinbock besonders gut entfalten, im Zeichen Krebs weniger gut.

So wie Jupiter für Ausdehnung und Entfaltung, für Wachstum und Vermehrung steht, so steht Saturn für Einschränkung, Rückschnitt und Beschränkungen. Auf eine einfache Formel gebracht: Jupiter fördert und gibt, Saturn fordert und nimmt. Der Zugang zu dem Sternzeichen, in dem Saturn steht, ist uns oft blockiert, aber gerade deswegen ist im Laufe des Lebens eine vertiefte Auseinandersetzung mit diesem Sternzeichen erforderlich. Das Haus, in dem Saturn steht, ist oft ebenso ein Lebensbereich, in dem wir uns nicht spontan entfalten können, sondern in dem wir lernen müssen, uns auf das Notwendigste zu beschränken. Denn der Punkt im Horoskop, der durch Saturn geprägt wird, ist zwar nicht leicht zugänglich, kann aber unsere Persönlichkeit durch die vertiefte Auseinandersetzung festigen und reifen lassen. Saturn im 4. Haus kann z.B. dazu führen, dass wir zu unserer Familie lange keinen guten Kontakt finden, dass wir unsere Familie als einengend und beschränkend empfinden. Das kann vielleicht später eine therapeutische Auseinandersetzung mit unserer Familie notwendig machen, an der wir dann reifen und wachsen können, bis wir annehmen können, dass diese Rolle unserer Familie notwendig war, um unsere Persönlichkeit voll zu entwickeln.

Saturn Transite bewirken meistens in dem Haus, durch das Saturn läuft, eine Phase der Einschränkung und der Rückschritte. Das kann uns aber dazu einladen, diesen Lebensbereich gewissenhaft auf Notwendigkeiten und Überflüssiges zu prüfen. Meistens geht es nach diesem Transit dann mit erneuter Kraft voran, durch diese Rückschritte kann eine Reinigung und Klärung erfolgt sein. Viele

Pflanzen müssen im Herbst und/oder Frühjahr zurückgeschnitten werden, um dann wieder richtig austreiben und blühen zu können. Ein Transit von Saturn z.b. durch das 10. Haus ist sicher keine gute Phase für einen Stellenwechsel, eine Verhandlung um Gehaltserhöhung oder einen weiteren Sprung auf der Karriereleiter. Aber es kann eine gute Phase sein, sich vertieft mit der eigenen Aus- und Weiterbildung, den Wünschen und Illusionen über meinen Beruf auseinanderzusetzen, um sich danach gestärkt und mit klarerem Blick beruflich weiterzuentwickeln.

Saturn zeigt außerdem etwas über unser Verhältnis zur Zeit an, unser Gefühl für Lebensphasen und Lebenszyklen. Das hat sicher damit zu tun, dass wir die Auswirkungen von Saturns Transiten recht deutlich spüren, dass sie unser Gefühl für unsere Lebensphasen verstärken. Ein harmonisches Verhältnis von Saturn und Jupiter kann dazu führen, dass wir das Vertrauen entwickeln, dass es in jedem Leben Phasen von Wachstum und Phasen des Rückschnitts geben muss, damit wir unsere Persönlichkeit und unsere Berufung weiter entwickeln können. Ein unharmonisches Verhältnis von Saturn und Jupiter in unserem Horoskop kann dazu führen, dass wir sehr darunter leiden, wenn Phasen von Wachstum und Phasen von Rückschnitt sich abwechseln. Es kann auch dazu führen, dass wir chronisch immer mehr erreichen wollen, als wir verwirklichen können, wenn wir nicht selbst lernen, uns auf das Notwendige zu beschränken.

Saturn ist der letzte Planet der sogenannten persönlichen Planeten. Saturn hat eine Umlaufbahn, die es von der Zeitdauer her ermöglicht, dass wir mehrmals in einem Leben erleben können, dass Saturn unsere Geburtsposition wieder im Transit berührt. Bei dem nächsten Planeten, Uranus, ist das nicht mehr möglich, da seine Umlaufbahn noch langsamer ist. Saturn markiert deswegen in der astrologischen Sicht unseres Sonnensystems die Schwelle zwischen dem persönlichen und dem überpersönlichen Bereich. Deswegen wird er von Okkultisten auch als ein Planet angesehen, der rituelle und okkulte Begabungen anzeigen kann. Dies gilt vor allem bei bestimmten Kombinationen von Neptun und Saturn Energie wie z.b. einem Saturn Neptun Trigon. Im Ritual wird ebenfalls versucht, zwischen der persönlichen Lebenswelt der Menschen und der überpersönlichen Lebenswelt des Schicksals, der Götter oder der Anderswelt zu vermitteln. Im Ritual geht es oft darum, einen Zusammenhang zwischen den persönlichen Lebensphasen der Menschen und den Zeitphasen der Jahreszeiten oder des Kosmos herzustellen. Diese Gegenüberstellung der kosmischen Phasen, die z.b. die Astrologie abbildet, und der persönlichen Lebensphasen kann helfen, zu einer vertieften Einsicht und einen neuen Erleben der persönlichen Lebensphasen zu finden.

Die Position von Saturn im Horoskop zeigt außerdem manchmal an, welches Verhältnis wir zu Gesetzen, Normen, Disziplin und Ausdauer haben. Saturn kann einen Hinweis darauf geben, an welchem Punkt wir am empfänglichsten für Ermahnungen, für Schuldgefühle und ein schlechtes Gewissen sind. Oder er kann aufzeigen, dass wir von Natur aus eher gegen Normen und Gebote rebellieren, ungerne Autoritäten akzeptieren und uns nichts gerne vorschreiben lassen, schon gar nicht von unseren Eltern und Großeltern (vor allem bei bestimmten Kombinationen von Saturn und Mars wie z. B. Saturn-Mars Konjunktion oder Opposition).

Saturn im Ereignishoroskop kann anzeigen, wie wir gerade zu Vorgesetzten und Autoritäten stehen und wie wir selbst uns als Vorgesetzte verhalten. Zeiten mit rückläufigem Saturn bringen uns manchmal in Konflikte mit Vorgesetzten oder unserer Vorgesetztenrolle.

6.8. Uranus, Neptun und Pluto

Uranus, Neptun und Pluto werden als die überpersönlichen Planeten zusammengefasst. Das liegt daran, dass sie sehr langsame Umlaufbahnen haben und daher sehr lange in einem Sternzeichen verweilen. Sie geben damit nicht nur der Geburt einer einzelnen Person oder einem einzelnen Ereignis eine Prägung, sondern der Geburt einer ganzen Generation oder einer ganzen Epoche von Ereignissen. Deswegen wird im Regelfall bei diesen Planten nicht mehr die Position im entsprechenden Zeichen gedeutet, sondern nur noch die Häuserposition und das Verhältnis zu den anderen Planeten im Horoskop, also die Aspekte.

6.9. Uranus im Geburtshoroskop

Der Planet Uranus hat eine Umlaufbahn von ungefähr 84 Jahren, er verweilt ca. 7 Jahre in einem Sternzeichen. Uranus wurde erst 1781 entdeckt, zur Zeit gewaltiger Revolutionen in Europa. Uranus gehört in der griechisch-römischen Götterwelt zu einer noch älteren Göttergeneration als Saturn, er gilt als der Vater des Saturns. Auch dieser Herrscherwechsel wurde als sehr grausam dargestellt, Saturn soll Uranus entmannt haben, als Saturn die Herrschaft über seine Göttergeneration übernahm. Uranus steht daher in unserem Horoskop für Umstürze, für revolutionäre Veränderungen, für den Bruch mit Traditionen und spontane, unvorhersehbare Ereignisse. Das Haus, in dem Uranus steht, kann auf den Lebensbereich hinweisen, aus dem in unserem Leben solche Veränderungen herkommen können. Jemand mit Uranus im 10. Haus wird vermutlich eine sehr sprunghafte Berufslaufbahn haben und Beruf und berufliche Stellung oft gewechselt haben, unter Umständen nicht immer freiwillig. Jemand mit Uranus im 7. Haus hat evtl. einige sprunghaft wechselnde Beziehungen, bei denen die eine Beziehung das komplette Gegenteil der vorhergegangenen sein kann. Uranus wird dem Zeichen Wassermann zugeordnet, das ebenso für sprunghaftes, kreatives und unkonventionelles Denken steht.

Uranus Transite zeigen in dem Haus, durch das Uranus wandert, oft einige heftige Veränderungen an, eine Zeit der Umstürze, in der liebgewordene Gewohnheiten oder Weltbilder völlig auf den Kopf gestellt werden. Das kann eine sehr anstrengende, aber auch sehr kreative Zeit sein. Eine spannende Lebensphase kann der Zeitpunkt sein, wenn Uranus in Opposition zu unserer Geburtsposition steht, also wenn wir ca. 41-42 Jahre alt sind. Das ist bei vielen Menschen der Zeitpunkt einer gewissen Krise, die als astrologische Krise der Lebensmitte angesehen werden kann. Viele Menschen erleben in dieser Zeit, wie der Einfluss ihres Aszendenten zurücktritt und die Energie des Sonnenzeichens im Wachsen ist, was auch eine Umbruchsphase im Erleben und Verhalten darstellen kann.

Im Ereignishoroskop zeigt Uranus unsere Veränderungswünsche und Chancen an. Während Uranus direktläufig ist, ist mehr Veränderung möglich, während der rückläufige Uranus uns nötigt, Veränderungen noch einmal gründlich durchzuarbeiten oder zu überdenken.

6.10. Neptun im Geburtshoroskop

Der Planet Neptun wurde nach dem römischen Gott des Meeres (griechisch Poseidon) benannt. Er braucht für eine Umlaufbahn ca. 165 Jahre und bleibt ca. 14 Jahre in einem Zeichen. Er wurde erst 1846 entdeckt.

Die Tiefe des Meeres, über die Neptun gebietet, kann ein Sinnbild für eine verschwommene, unwirkliche Welt sein, die nicht unsere ist, in die wir aber für eine befristete Zeit eintauchen und erholt und erfrischt daraus hervorgehen können. Neptun wird dem Zeichen Fische zugeordnet. Neptun steht in der Astrologie für die Welt der Spiritualität und der Mystik. Neptuns Position kann übersinnliche Fähigkeiten anzeigen, aber auch eine einfache Begabung für Phantasie und künstlerische Inspiration. Der Bereich, in dem Neptun steht, zeigt aber auch ein Risiko an, sich leicht in Träumen, Wünschen und Illusionen zu verlieren. Ebenso zeigt Neptun eine Gefährdung für Süchte an.

Ein Mensch mit Neptun im 10. Haus wird evtl. sehr lange brauchen, um Klarheit für seinen Berufsweg zu finden, er/sie wird sich vielleicht sehr einen kreativen oder sogar einen spirituellen Beruf wünschen und lange wenig konkrete Schritte unternehmen, um für eine solide berufliche Grundlage zu sorgen. Ein Mensch mit Neptun im 4. Haus hat evtl. eine Person mit übersinnlichen Fähigkeiten in der Familie, evtl. aber auch einen Suchtkranken, der mit seinem süchtigen Denken und Verhalten alle Klarheit in der Familie erschwerte.

Neptun im Transit kann für spirituelle Erfahrungen öffnen, aber auch klare Strukturen vernebeln, die klare Sicht nehmen und eine Suchtgefahr darstellen. Süchte können ein Ersatzversuch für eine echte Spiritualität sein, eben eine Flucht in Scheinwelten. Meistens sind Süchte nur dann in ihren krankhaften Auswirkungen zu stoppen, wenn sich der Mensch wieder auf seinen dahinter stehenden Hunger nach Spiritualität besinnt. Deswegen haben z.B. die Selbsthilfegruppen der Anonymen Alkoholiker so eine gute Wirkung, weil sie ein spirituelles Selbsthilfeprogramm sind.

Im Ereignishoroskop gelten Zeiten mit rückläufigem Neptun als schwierig für Psychotherapien, Diäten und Entziehungskuren. Wer sein Essverhalten ändern oder sich das Rauchen abgewöhnen will, hat es in dieser Zeit schwer.

6.11. Pluto im Geburtshoroskop

Der Planet Pluto ist der äußerste bis jetzt bekannte und entdeckte Planet unseres Sonnensystems. Das heißt, er galt lange als Planet, wurde später zum Kleinplaneten erklärt. An diesem Rand unseres Sonnensystems werden nur noch ein paar weitere Kleinplaneten und Gesteinsbrocken vermutet. Pluto braucht ca. 247 Jahre für eine Umlaufbahn und hält sich ca. 20 Jahre in einem Zeichen auf. Pluto wird dem Zeichen Skorpion zugeordnet. Der römische Gott Pluto (griechisch Hades) war der Herrscher über die Unterwelt, über die Welt der Toten und Verdammten, aber auch über die materiellen Schätze unter der Erde. Pluto steht in der Astrologie daher für unser Verhältnis zu materiellen, irdischen Schätzen und der Macht, die damit verbunden ist.

Bill Gates soll z.B. Pluto am Aszendenten haben, was es ihm wahrscheinlich ermöglichte, so reich zu werden und so ein gigantisches Macht-Monopol aufzubauen. Außerdem steht Pluto für die Themen des Todes bzw. aller sehr brutalen und drastischen Veränderungen. Das Haus, in dem Pluto steht, steht für den Lebensbereich, von dem sehr schwerwiegende Veränderungen kommen, die sich für uns wie ein Todeserlebnis anfühlen können. Für Menschen mit Pluto im 7. Haus können Trennungen im Beziehungsleben eine existentiell bedrohliche Erfahrung sein. Menschen mit Pluto im 2. Haus können evtl. sehr gut materielle Güter ansammeln, aber auch schnell wieder verlieren. Sie brauchen weit mehr Reichtümer, um sich existentiell sicher zu fühlen, als andere Menschen. Pluto errichtet in dem Haus, in dem er steht, einen zerstörerischen Altar, von dem aus die stärksten Erfahrungen sowohl von Machtgefühlen wie von Ohnmachtserlebnissen ausgehen können.

Plutotransite sind sehr langwierig und unterwerfen das Haus, durch das Pluto zieht, sehr tiefen grundlegenden Veränderungen. Diese Veränderungsenergie kann jedoch durchaus positiv genutzt werden. Plutotransite können Ängste vor dem persönlichen Tod auslösen, aber meistens geht es darum, dass eine Weltanschauung, eine Beziehung oder eine Perspektive „stirbt". Das klingt erst einmal etwas sanfter, ist aber für die meisten Menschen ein schwerer und anstrengender Prozess.

Im Ereignishoroskop sind Zeiten mit rückläufigem Pluto Zeiten mit schwierigen Machtverhältnissen. Wenn du selbst Vorgesetzte bist, ist es in dieser Zeit nicht einfach, Chef oder Chefin zu sein.

7 – Das Häusersystem

Bei der Beschreibung der Planeten habe ich bereits einige Bedeutungen der 12 Häuser erwähnt, die hier nun genauer beschrieben werden. Die Häuser im Horoskop haben eine ähnliche inhaltliche Bedeutung wie die 12 Tierkreiszeichen. Jedem Haus ähnelt oder entspricht ein Tierkreiszeichen. Je nachdem, wie im Horoskop das Häusersystem zum Tierkreis liegt, kann es daher sein, dass das Haus die Energie des Tierkreiszeichens, über dem es liegt, verstärkt oder abschwächt oder sogar umwandelt. Während jedoch ein Tierkreiszeichen immer ein 1/12 des Kreises einnimmt (also 30° des Kreises), kann ein Haus bei den meisten Häusersystemen eine ganz unterschiedliche Größe einnehmen. D.h. ein Haus kann genau über einem Zeichen liegen, es kann aber auch kleiner sein, als das Zeichen, über dem es liegt, oder es kann so groß sein, dass es über zwei Zeichen liegt. Das Häusersystem wird über den Tierkreis mit den Planetenstellungen wie ein zweites Muster gelegt und daraus ergeben sich die Überschneidungsbereiche. Zur Berechnung des Häusersystems gibt es verschiedene Methoden. Daher können die Häusergrenzen je nach Berechnungsmethode etwas anders liegen. Wenn über einem Planet genau die Häusergrenze zu liegen kommt, sollten beide Häuser versuchsweise gedeutet werden.

Die Häuser zeigen Lebensbereiche an, in denen sich die Planeten auswirken. Wie bei den Tierkreiszeichen gilt auch hier: Wenn ein Haus leer bleibt, hat dieser Lebensbereich für die Person eine geringere Bedeutung oder er ist nicht vorgeprägt durch bestimmte Muster und Themen. Außerdem stehen die 12 Häuser für einen Entwicklungsweg, den wir im Laufe unseres Lebens gehen. Daher kann es sein, dass dir die Bedeutung der ersten Häuser noch sehr verständlich ist, während du die Bedeutung der späteren Häuser erst in späteren Lebensjahren erfährst, verstehst und verwirklichst.

7.1. Das 1. Haus (beginnt beim Aszendenten)

Da der Tierkreis traditionell mit dem Zeichen Widder beginnt, entspricht das erste Haus auch dem Zeichen Widder. Wenn also das Zeichen Widder oder der Planet Mars im ersten Haus liegt, kann seine Energie verstärkt werden. Das erste Haus zeigt den Bereich des „Ichs" im Horoskop an (neben der Sonne, die auch für unser Ich, unsere Identität und einiges mehr steht).

Das erste Haus zeigt die Art an, wie wir in die Welt kommen. Das kann sich ganz konkret auf die Umstände unserer Geburt beziehen oder auf den Tagesanfang, den wir bevorzugen. Manchmal kann man den Aszendenten eines Menschen auch daran erkennen bzw. erspüren, wie er/sie in ein Zimmer kommt, wie er/sie in den Raum kommt. Planeten im ersten Haus wirken sich auf die Art aus, wie wir etwas beginnen, wie wir uns ausdrücken, wie wir uns im ersten Moment darstellen. Z.B. der Planet Merkur im ersten Haus kann bedeuten, dass du mit einem starken Bedürfnis nach Kommunikation in die Welt kommst. Es kann auch bedeuten, dass es dir leicht fällt, in bestimmten Situationen die/der erste zu sein, die mit dem Reden beginnt. Saturn im ersten Haus kann bedeuten, dass du dich sehr zurückgenommen, beherrscht und diszipliniert ausdrückst und auch so in Aktion trittst. Der Planet Saturn kann den Bereich eines Hauses blockieren oder zumindest in der Entfaltung sehr hemmen.

7.2. Das 2. Haus

Das 2. Haus entspricht etwas dem Zeichen Stier. Der Planet Venus kann sich hier besonders gut entfalten. Das 2. Haus zeigt den Bereich des Materiellen an, und zwar in einem umfassenden Sinn: Es zeigt unsere Einstellung zum Geld an, wie wichtig uns Geld und materielle Dinge sind, aber auch die Einstellung zu unserem Körper, zu irdischen Genüssen usw. Planeten im 2. Haus bekommen eine materielle Färbung. Für einen Menschen mit 2. Haus ohne

Planeten sind materielle Dinge vielleicht lange Jahre sehr unwichtig. Entweder er/sie besitzt nie besonders viel Geld oder Geld bedeutet ihm/ihr nichts, selbst wenn er/sie mehr davon hat. Wenn z.B. Venus im 2. Haus einer Frau liegt, kann das u.a. bedeuten, dass sie sich gerne schminkt, dass sie ihr Frau Sein im Laufe ihres Lebens gerne auch mit materiellen Dingen wie Parfüm, schönen Kleidern, Schmuck usw. ausdrückt. Es kann auch sein, dass ihr in ihren Beziehungen immer eine gewisse materielle Sicherheit wichtig ist oder dass sie ihre Schönheit einsetzt, um vermögende Männer zu finden.

7.3. Das 3. Haus

Das 3. Haus entspricht dem Zeichen Zwilling, der Planet Merkur kann sich hier besonders gut entfalten. Das dritte Haus steht für die Lebensbereiche, die mit Handel, kleineren Reisen und Verkehr zu tun haben, mit Austausch und Kommunikation. Planeten in diesem Haus können die geistige Flexibilität unterstützen und den materiellen Austausch.

Saturn im 3. Haus z.B. kann sich so auswirken, dass du kein Verkaufstalent bist, nicht gerne handelst oder tauschst. Merkur im dritten Haus macht dich zu einem Verkaufstalent und kann zu sehr hohen Telefon- und Internetgebühren führen, weil diese Person dann für ihr Leben gerne redet und sich mit anderen austauscht. Mars im dritten Haus macht Dich schlagfertig und wendig in der Selbstverteidigung.

7.4. Der 1. Quadrant

Die ersten 3 Häuser werden zum 1. Quadranten zusammengefasst. Der erste Quadrant steht für unsere Verankerung in der materiellen Welt, im Alltag mit all seinen Erfordernissen. Hat ein Mensch viele Planeten im 1. Quadranten seines Horoskopes, ist er allgemein ziemlich irdisch und materiell orientiert.

Im ersten Haus beginnen wir, Gestalt anzunehmen mit unserem Ich, unserer körperliche Gestalt und einem gewissen Gefühl für unsere Identität.

7.5. Das 4. Haus (beginnt am IC)

Das 4. Haus entspricht dem Zeichen Krebs. Im 4. Haus kann sich der Mond gut entfalten. Es zeigt unsere Wurzeln in der Ursprungsfamilie an, unser Verhältnis zur Kindheit, zu der Familie oder dem Ort, wo wir herkommen. Menschen mit einem leeren 4. Haus ist ihre Familie meist nicht so wichtig, das Pflegen von Familienkontakten langweilt sie eher. Planeten im 4. Haus wirken sich besonders im Bereich der Familie aus. Bei Jupiter im 4. Haus dehnen sich die Themen des Hauses und werden erweitert und umfangreich ausgelebt. Wahrscheinlich ist die Ursprungsfamilie immer sehr wichtig und Familienfeste sind nicht lästig, sondern werden gerne gefeiert. Mars im 4. Haus könnte sich z.B. so auswirken, dass du öfter Wut auf deine Familie hast. Es kann aber auch bedeuten, dass du aus deiner Familie eine Antriebskraft schöpfen kannst, Dinge in deinem Leben anzugehen. Neptun im 4. Haus kann für eine Familie stehen, die von Sucht oder einer starken Suche nach Spiritualität gekennzeichnet ist. Pluto im 4. Haus zeigt meistens Familien mit starkem Machtgefälle an bis zu traumatischen Gewalterfahrungen oder dunklen Familiengeheimnissen.

7.6. Das 5. Haus

Das 5. Haus steht für den Bereich der Freizeit. Es entspricht dem Zeichen Löwe, d.h. die Sonne kann sich hier sehr gut entfalten. Der Bereich des 5. Hauses zeigt an, wie wichtig uns unsere Freizeit,

Spiele, aber auch Lust und Erotik sind. Planeten im 5. Haus wirken sich oft ausschweifend auf unsere Freizeit aus. Die Astrologie wertet auch diesen Lebensbereich als wichtig und kennzeichnend für die Unterschiede zwischen den Menschen.

Ein Mensch mit leerem 5. Haus hat vielleicht lange keine typischen Hobbys gehabt, hat immer gerne Schulaufgaben gemacht und es fällt ihm/ ihr schwer, so richtig aus sich herauszugehen und zu feiern. Ein Mensch mit Saturn im 5. Haus neigt vielleicht dazu, in seiner/ihrer Freizeit eher zu arbeiten und muss es erst lernen, sich spontane Vergnügungen ohne ernsthaften Hintergrund zu gönnen. Ein Mensch mit Jupiter im 5. Haus hat wahrscheinlich immer viel Zeit in Hobbys investiert oder ist sogar in Gefahr, sich in Glücksspielen zu verlieren oder zu viel Zeit und zu viel Geld für Freizeitvergnügen aufzuwenden.

7.7. Das 6. Haus

Dem 6. Haus entspricht das Zeichen Jungfrau. Der Planet Merkur kann sich hier besonders gut entfalten. Das 6. Haus zeigt unser Bedürfnis nach innerer Ordnung an. Es deutet darauf hin, ob es für uns wichtig ist, dass unser Leben und unser Alltag einer inneren Ordnung unterliegen oder, wenn es leer oder blockiert ist, auch ruhig chaotisch sein können. Saturn im 6. Haus kann dazu führen, dass jemand nur schwer in der Lage ist, irgendeine innere Ordnung einzuhalten oder festzulegen. Er/Sie legt die Dinge heute hier hin, morgen dahin. Ein fester Lebensrhythmus ist ihm ein Greuel, feste Lebensgewohnheiten sind für ihn langweilig und öde.

Der Mond im 6. Haus kann anzeigen, dass dein emotionales Wohlgefühl davon abhängt, dass dein Leben eine gewisse Struktur, Regelmäßigkeit und einen festen Rhythmus hat. Mond im 6. Haus ist außerdem eine gute Voraussetzung für einen heilenden Beruf. So könntest du gut Einfluss nehmen auf die innere Ordnung, die andere Menschen brauchen, um sich wohlzufühlen und gesund zu werden.

7.8. Der 2. Quadrant

Das 4. bis 6. Haus werden zum 2. Quadranten zusammengefasst, er steht für eine Weiterentwicklung unserer Identität durch unsere Familie, unsere Freizeit, unsere Hobbys und unser Bedürfnis nach einer inneren Ordnung. Mit dem 2. Quadranten ist unsere persönliche Entwicklung abgeschlossen. Menschen mit sehr vollem 2. Quadranten legen vielleicht sehr viel Wert auf ihre persönlichen Seiten.

7.9. Das 7. Haus (beginnt am Deszendenten)

Das 7. Haus entspricht dem Zeichen Waage, der Planet Venus kann sich hier wieder besonders gut entfalten. Das 7. Haus steht für den Bereich der Beziehung und das „Du" im Horoskop. Es liegt dem 1. Haus, dem Ich-Haus gegenüber. Am Deszendenten, im 7. Haus finden sich Hinweise auf typische Beziehungsmuster. Planten im 7. Haus wirken sich darauf aus, wie wir grundsätzlich unsere Beziehungen leben und gestalten.

Das klingt für dich vielleicht erstmal seltsam. Wenn du älter wirst und mehrere Beziehungen rückblickend vergleichen kannst, wird dir vielleicht auffallen, dass es bestimmt Verhaltensweisen oder Gefühlsmuster gibt, die sich in allen oder vielen deiner Beziehungen wiederfinden. Es gibt z.B. Frauen, die fliegen immer wieder auf den gleichen Typ Mann, obwohl sie genau wissen, dass dieser Typ Mann sie anlügt und betrügt. Oder es gibt Frauen, die stellen im Laufe ihres Lebens fest, dass sie sich immer wieder auf die gleiche Art haben ausnutzen lassen. Es gibt auch Männer, die laufen immer dem gleichen Typ Frau nach, obwohl sie wissen, dass er ihnen nicht gut tut, und dass sie von diesen Frauen nur ausgenutzt oder abgewiesen werden. So etwas nennt man ein Beziehungsmuster. Das heißt nicht, dass das ein Leben lang so bleiben muss, aber es bleibt bei den meisten Menschen so, bis sie bewusst an sich zu arbeiten beginnen. Die Veränderung dieser Beziehungsmuster kann z.b. beginnen, wenn ein aktueller Transit die Planeten im 7. Haus anregt und berührt.

Ein leeres 7. Haus muss nicht heißen, dass dir Beziehungen nicht so wichtig sind, obwohl das möglich ist. Es gibt Menschen, die gehen ganz in Beruf (10. Haus) und Familie (4. Haus) oder Freundschaften (11.Haus) auf und haben darüber hinaus nur sehr wenige andere Beziehungen. Ein leeres 7. Haus kann auch heißen, dass du in deinen Beziehungen weniger festgelegt bist auf bestimmte Verhaltensweisen. Bei den Planetenkräften im 7. Haus erleben wir es so, dass wir denken, so sind die Anderen in unserem Leben, so sind wir selbst nicht. Wir können die Energie dieser Planeten oft nicht als unsere eigenen erkennen. Im 7. Haus findet sich das Andere, das, was wir immer eher den anderen zuschreiben würden. Aber im Laufe des Lebens begreifen viele Menschen, dass wir uns diese Menschen aussuchen, die zu unserem Beziehungsmuster bzw. zu den Planeten in unserem 7. Haus passen. Vielleicht bist du noch zu jung, um etwas darüber sagen zu können, was dein Beziehungsmuster ist. Dazu musst du wie gesagt, einige Beziehungen erlebt und verarbeitet haben, bis du zu einer Erkenntnis kommst.

Bei Pluto im 7. Haus gehen sehr starke, heftige Veränderungen im Leben meistens von den Beziehungen aus. Vielleicht wollten die Beziehungspartner die Trägerin dieses Horoskopes meistens sehr verändern. Durch die Astrologie kann jemand mit Pluto im 7. Haus begreifen, dass er sich selbst seine Lebenspartner so aussucht, damit sie seinem Leben eine andere Richtung geben. Es fällt ihm/ihr vielleicht schwer, sich aus sich selbst heraus zu verändern, und er/sie braucht andere nahestehende Menschen als Anstoß für Veränderungen. Saturn im 7. Haus kann eine Vorliebe für Beziehungen mit älteren Menschen anzeigen oder eine moralische Strenge und Geiz in Beziehungen.

7.10. Das 8. Haus

Das 8. Haus entspricht dem Zeichen Skorpion. Der Planet Pluto kann sich hier besonders gut entfalten. Das 8. Haus liegt dem 2. Haus gegenüber. So wie das 2. Haus für das Diesseitige, das Materielle steht, so steht das 8. Haus für das Jenseitige, das unfassbare Geistige, die Anderswelt. Manche Astrologen glauben, dass Planeten im 8. Haus immer auf Themen aus früheren Leben hinweisen könnten. Die sind die Planetenkräfte im 8. Haus so etwas wie ein Erbe aus früheren Leben, das uns die Schicksalskräfte für dieses Leben mitgegeben haben. Das 8. Haus legt sich oft wie ein dunkler Schatten über die Planeten, die darin liegen. Die Planeten im 8. Haus entfalten sich oft nur mühsam, wirken eher in Form von Krisen, Krankheiten oder Todeserfahrungen, als Anlass tiefgreifender und oft schmerzhafter Veränderungen. Ein Mensch mit leerem 8. Haus hat wahrscheinlich keine oder wenig Vorstellung vom Jenseits oder von der Anderswelt, wird solche Vorstellungen vielleicht sogar ablehnen oder einfach nicht nachvollziehen können. Ein Mensch mit Venus im 8. Haus pflegt vielleicht eine enge Beziehung mit einer verwandten Seele im Jenseits. Ein Mensch mit Neptun im 8. Haus wird spirituellen Vorstellungen vom Jenseits und der Anderswelt interessant und nachvollziehbar finden und kann wahrscheinlich im Ritual gut Kontakt zu anderen Wirklichkeitswelten aufnehmen.

7.11. Das 9. Haus

Das 9. Haus entspricht dem Zeichen Schütze. Der Planet Jupiter kann sich hier besonders entfalten. Das 9. Haus liegt dem 3. Haus gegenüber. So wie das 3. Haus für eher materiellen Austausch und kleinere Reisen steht, so steht das 9. Haus für große Reisen und eher geistigen Austausch. Menschen mit Planeten im 9. Haus reisen gerne (solange es nicht Saturn im 9. Haus ist, das ergibt oft ausgesprochene „Reisemuffel!). Neptun im 9. Haus kann eine Vorliebe anzeigen, eher spirituelle Reisen, Reisen in die Anderswelt zu unternehmen oder öfter zu spirituellen Workshops zu reisen. Menschen mit Planeten im 9. Haus interessieren sich oft für geistige Dinge, die Planetenenergie neigt dazu, durch Begeisterung verstärkt zu werden.

Bei einem leeren 9. Haus ist Verreisen vielleicht weniger wichtig, es ist weder verstärkt noch blockiert, es ist einfach nebensächlich.

7.12. Der 3. Quadrant

Das 7. bis 9. Haus werden zum 3. Quadranten zusammengefasst, er steht für den Übergang von unseren eigenen Persönlichkeitszügen zu unseren Beziehungen mit anderen Menschen (7. Haus), jenseitigen Bereichen (8. Haus) und anderen Lebenswelten (9. Haus). Es geht darin um die Erweiterung unserer Persönlichkeit im Kontakt mit anderen Menschen, Ländern oder geistigen Bereichen. Ein Mensch mit vollem 3. Quadranten im Horoskop ist vielleicht sehr auf andere und weniger auf sich selbst bezogen.

7.13. Das 10. Haus (beginnt am MC)

Das 10. Haus beginnt am MC, abgekürzt für Medium Coeli, Himmelshöhepunkt. Das 10. Haus entspricht dem Zeichen Steinbock. Der Planet Saturn kann sich hier besonders gut entfalten. Das 10. Haus liegt dem 4. Haus gegenüber. So wie das 4. Haus für unsere Wurzeln und unsere Ursprungsfamilie steht, so steht das 10.

Haus für unseren Beruf oder unsere Berufung. Es zeigt an, in welche Lebensrichtung wir wachsen können, wenn wir älter werden und uns immer mehr von unserer Ursprungsfamilie gelöst haben. Anhand des MCs und der Planeten im 10. Haus kann ein*e Astrolog*in eine Beratung geben, welche Berufsrichtung für einen Menschen stimmig sein könnte. Vielen Menschen werden in ihrer Jugend die Berufe ausgeredet, die sie eigentlich ergreifen wollen, oder die wirtschaftliche Situation lässt nicht zu, diesen „Traumberuf" zu erlernen. Das kann später zu beruflicher Unzufriedenheit führen. Denn irgendwann wollen oder müssen die Menschen vielleicht eine Umschulung machen. Viele Menschen kommen mit solchen Fragen zum Astrologen oder zur Astrologin und suchen Rat.

Menschen mit leerem 10. Haus ist ihre berufliche Entwicklung oft unwichtig. Sie spüren weniger eine Berufung, sich nach außen sichtbar zu verwirklichen, sind evtl. mit einem Job zufrieden, der ein reiner Broterwerb ist. Menschen mit Sonne im 10. Haus beziehen ihre ganze Identität aus ihrem Beruf oder ihrer Berufung. Die Planeten im 10. Haus zeigen eine Energie an, zu der wir hin wachsen wollen, die wir entwickeln wollen, die auch unseren erwachsenen Beitrag zur Gesellschaft ausdrückt, den wir in späteren Jahren geben wollen.

Venus im 10. Haus könnte sich z.B. so auswirken, dass für diese Person die Beziehungen und Kontakte im Beruf besonders wichtig sind oder dass sie auf der Arbeit oft flirtet.

7.14. Das 11. Haus

Das 11. Haus entspricht dem Zeichen Wassermann. Der Planet Uranus kann sich hier besonders entfalten. Das 11. Haus liegt dem 5. Haus gegenüber. So wie das 5. Haus für Spiel, ungebundene Lust und Freizeit steht, so steht das 11. Haus für unsere freiwilligen Bindungen an Freunde, für Freundschaften und Geselligkeit. Gemeint sind hier geistige und frei gewählte „Verwandtschaft" im

Gegensatz zur Blutsverwandtschaft. Venus im 11. Haus ergibt oft Menschen, die viele Feste besuchen, gerne unterwegs sind und sehr ungerne allein sind. Venus im 11. Haus kann anzeigen, dass Freundschaften wichtiger sind als Liebesbeziehungen. Menschen mit leerem 11. Haus haben weniger Bekannte und Freunde oder gehen seltener auf Feten, außer sie haben an anderer Stelle in ihrem Horoskop eine Wassermannbetonung.

7.15. Das 12. Haus

Das 12. Haus entspricht dem Zeichen Fische. Der Planet Neptun kann sich hier besonders entfalten. Das 12. Haus liegt dem 6. Haus gegenüber. So wie das 6. Haus für das Aufrechterhalten einer inneren Ordnung steht, so steht das 12. Haus für das Auflösen jedweder Ordnung. Im 12. Haus stehende Planetenenergien sind oft von einer Art Auflösung bedroht, scheinen sich manchmal wie in einem Nebel zu verlieren, bleiben schwer fassbar. Gewisse regelmäßige Identitätskrisen in Form einer immer wieder erlebten Auflösung des eigenen Selbst sind z.B. bei Sonne im 12. Haus häufig. Es kann den Menschen dann öfter ihr eigenes Bild von sich selbst verloren gehen, so dass sie nicht mehr ganz genau wissen, wie und wer sie eigentlich sind.

Das 12. Haus ist das Haus, in dem sich alles hin zum Jenseits auflöst. Ich habe bei einigen Altenpflegerinnen eine Venus im 12. Haus gefunden. Ich denke, dass sie das besonders befähigt, Menschen in ihrem letzten Lebensabschnitt oder sogar beim Sterben zu begleiten, also aus dem Leben hinaus zu begleiten.

Das 12. Haus steht außerdem für Institutionen wie Schulen, Gefängnisse oder Krankenhäuser. Planeten in diesem Haus wirken sich häufig in Institutionen aus. Menschen mit Merkur im 12. Haus können z.B. gut in Institutionen für den Austausch zwischen den Abteilungen und die Kommunikation der Kollegen sorgen. Menschen mit Venus im 12. Haus verlieben sich oft, wenn sie in einer Institution sind, also in einer Behörde oder in einem Krankenhaus.

Planeten im 12. Haus zeigen außerdem oft einen Weg zur Spiritualität. Wenn der Mensch mit Betonung des 12. Hauses seine spirituellen Quellen vernachlässigt, kann sich die Energie dieser Planeten nicht voll entwickeln.

7.16. Der 4. Quadrant

Das 10. bis 12. Haus werden zum 4. Quadranten zusammengefasst. Er steht für den überpersönlichen Bereich in unserem Leben. Das Engagement in einer Arbeit geht über direkte persönliche Kontakte hinaus, genauso können einzelne Beziehungen in einem Freundeskreis aufgehen. Der Kontakt mit dem Jenseits kann unsere ganze persönliche Struktur wieder auflösen. Menschen mit einem voll besetzten 4. Quadranten in ihrem Horoskop haben einen starken Kontakt zu diesem überpersönlichen Bereich.

8 – Ein Kombinationsbeispiel

Wenn du die Texte zu Tierkreiszeichen, Planeten und Häusersystem gelesen hast, ist es im Einzelnen nicht so leicht, sich vorzu-
stellen, wie so eine Kombination gedeutet werden soll. Diese vielen
Faktoren zusammen zu betrachten ist ja auch die hohe Kunst der
Astrologie, die ein Textdeutungsprogramm oft nicht so gut leisten
kann. Damit es für dich etwas anschaulicher wird, zeigt dir dieser
Texte eine Deutung der Kombination Venus in Widder in allen 12
Häusern. Daran kannst du sehen, wie das Häusersystem die Kombination aus Planet und Sternzeichen mal unterstützt, mal verstärkt, mal abschwächt oder erschwert.

Der Planet Venus steht im Geburtshoroskop für unsere Art, Liebe und Beziehungen zu leben. Venus zeigt an, welche Art von Liebe und Beziehung wir suchen, was wir ästhetisch, schön und attraktiv finden und mit welchem Rahmen und welcher Art von Liebe wir uns wohl fühlen. Die folgenden Beispiele beziehen sich immer auf ein Geburtshoroskop, nicht auf Ereignishoroskope.

Wenn jetzt jemand Venus in Widder hat, wird er/sie in Liebesbeziehungen und Freundschaften eher etwas feurig sein im Tem-
perament, denn Widder ist ein Feuerzeichen. Er/sie wird Kontakte
und Beziehungen gut anknüpfen und beginnen können, evtl. kann
er/sie Menschen leicht ansprechen oder gut flirten. Da Widderenergie zum Thema Streit ein positives Verhältnis hat, wird ein
Mensch mit Venus in Widder in Beziehungen dem Streit nicht
ausweichen oder sogar etwas Streit als anregend empfinden. Dafür
fällt es ihm/ihr vielleicht eher schwer, Gefühle wie Trauer in der
Beziehung zu zeigen oder Beziehungen dauerhaft zu erhalten und
zu pflegen.

Jemand mit Venus in Waage wird hingegen ein starkes Bedürfnis nach Harmonie in der Beziehung haben. Menschen mit Venus
in Waage neigen dazu, Streit zu vermeiden, selbst da, wo er nötig

wäre. Das kann dazu führen, dass sie eigene Bedürfnisse lange zurückstellen. Jemand mit Venus in Waage kann eine Beziehung daher lange aufopferungsvoll pflegen, kommt aber selbst evtl. immer zu kurz, bis er irgendwann platzt. Für Menschen mit Venus in Waage sind geistige Übereinstimmung, geistige Anregung, Schönheit und Charme in einer Beziehung wichtig.

Wie verändern sich diese Bedeutungen eines Planeten im Geburtshoroskop in einem Sternzeichen nun, wenn der Einfluss des Häusersystems dazu kommt? Das Häusersystem ändert die Bedeutung nicht vollständig, aber es färbt sie noch einmal etwas ein und zeigt den Lebensbereich an, in dem die Kombination aus Planet und Sternzeichen gelebt und entwickelt wird.

Zurück zu dem ersten Beispiel: Ich werde im folgenden Text die Kombination Venus in Widder jetzt in alle möglichen Häuser setzen, damit deutlich wird, wie sich die Grundbedeutung von Venus in Widder in jedem Haus leicht verändert. Wenn jetzt jemand Venus in Widder im ersten Haus hat, verändert das die Bedeutung kaum, denn das Zeichen Widder und das erste Haus ähneln sich sehr. Hier wird es weiterhin so bleiben, dass jemand gerne Kontakte knüpft, denn das erste Haus steht für die Art, wie wir in Kontakt gehen bzw. uns zu Anfang eines Kontaktes zeigen. In Bezug auf Venus in Widder im ersten Haus kann das dann sogar heißen, dass jemand schon im ersten Kontakt seine Beziehungsbedürfnisse gut zeigen kann.

Venus in Widder im zweiten Haus verändert die Bedeutung leicht. Das zweite Haus steht für unser Verhältnis zur Materie, zum Körper, zu materiellem Reichtum und materieller Sicherheit. Jemand mit dieser Kombination könnte z.B. leicht Kontakte zu reichen Menschen knüpfen. Er/sie achtet in Beziehungen immer sehr auf materielle Sicherheit. Sich in einen ganz mittellosen Menschen zu verlieben, dürfte ihm/ihr fremd sein, ebenso ist ihm/ihr körperliche Schönheit wahrscheinlich wichtig.

Venus in Widder im dritten Haus verlagert die Bedeutung des Planeten in die Lebensbereiche Geschäft, Austausch, Handel und Wandel. Jemand mit dieser Kombination kann wahrscheinlich leicht Geschäftsbeziehung anknüpfen, er/sie kann locker leicht Kontakte pflegen, pflegt vielleicht viele Kontakte übers Telefon und hat hohe Telefonrechnungen. Es ist jemand, der leichte und unkomplizierte Kontakte schätzt, der/die gerne small talk macht usw.

Venus in Widder im 4. Haus zeigt eine Prägung aus der Ursprungsfamilie auf, denn das 4. Haus steht für die Familie aus der wir kommen, in die wir geboren wurden oder in der wir aufwuchsen. Jemand mit dieser Kombination wuchs wahrscheinlich in einem kontakt- und konfliktfreudigen Elternhaus auf, in dem seine/ihre Eltern oder Geschwister oft neue Kontakte knüpften, aber auch ein reger Wechsel an Kontakten war. Ebenso kann es in der Familie leicht zu Streit gekommen sein. Vielleicht waren alle etwas hitzköpfig, aber der Streit verpuffte auch wieder schnell und alle gingen eher unkompliziert und wenig nachtragend damit um.

Venus in Widder im 5. Haus weist eher auf die Lebensbereiche Freizeit, Spiel und Spaß hin. Vielleicht hat jemand mit dieser Kombination in der Freizeit viele Kontakte, aber weniger im Beruf oder in der Familie. Vielleicht beginnt jemand mit dieser Kombination Spielkreise zu gründen oder er/sie engagiert sich in seinem Verein in der Werbung neuer Mitglieder. Immer bleibt aber die Fähigkeit erhalten, gut neue Kontakte knüpfen zu können, sie zeigt sich nur jeweils in einem anderen Lebensbereich.

Jetzt folgen aber Kombinationen, in denen das Haus der Kombination von Planet und Tierkreiszeichen eher entgegensteht, also einen gegenläufigen Einfluss hat:

Venus in Widder im 6. Haus bremst den Einfluss der eigentlich kontaktfreudigen Venus in Widder. Das 6. Haus steht für unsere innere Ordnung, für innere Formen der Sicherheit, der Struktur, die auch mit Krankheit und Heilung zu tun haben können. Das kann z.b. heißen, jemand war durch andere Einflüsse in seinem Horoskop so gebremst in seinen Beziehungen, dass er eine Therapie brauchte, um seine Kontaktfreudigkeit wieder neu zu entdecken und voll leben zu können. Oder jemand kann zwar gut Kontakte anknüpfen, ist aber dennoch ganz seltsam unspontan dabei, muss sich vorher genau einen Plan dafür zurechtlegen. Oder seine/ihre eigentlich vorhandene Kontaktfreudigkeit unterliegt einem festen Rhythmus, er/sie ist morgens ein Menschenfeind und kann erst abends locker und kontaktfreudig sein. Oder er/sie braucht einen ganz festen, geschützten Rahmen, kann z.B. in einer Therapiegruppe kontaktfreudig sein, aber im freien Leben nur sehr eingeschränkt.

Venus in Widder im 7. Haus stellt eine besondere Umkehr dar. Denn das 7. Haus entspricht eher dem Zeichen Waage, also dem entgegengesetzten Haus. Die Astrolog*in würde hier von einer etwas unglücklichen Kombination sprechen, denn der Mensch wird wahrscheinlich damit etwas innerlich zerrissen bleiben. Das 7. Haus steht für das Thema Beziehungen. Also wenn jemand Venus im 7. Haus hat, dann ist noch einmal doppelt angezeigt, dass Beziehungen, vor allem Liebesbeziehungen für diese Person in ihrem Leben besonders wichtig sind. Jemand mit dieser Kombination wird als Single wahrscheinlich nie besonders glücklich sein, wird vielleicht versuchen, nach einer Trennung schnell wieder eine neue Beziehung zu knüpfen. Nun kommt aber als "störender" Einfluss hinzu, dass Venus in Widder steht.

Das heißt, jemand sehnt sich im Grunde nach stabilen Beziehungen, bekommt aber vielleicht seine eigene Vorliebe für lebhafte Streits nicht in den Griff, gefährdet damit seine Beziehungen immer wieder. Oder jemand sehnt sich so sehr nach Beziehung, dass er/sie auch neben seiner festen Liebesbeziehung ständig neue Freundschaften knüpft, viele Flirts hat, einige Romanzen und Affären hat. So kommt es, dass das seine eigentlich feste Beziehung, die er/sie nötig braucht, ständig auch wieder gefährdet ist.

Nun will ich die Beispiele weiterer Häuserkombinationen fort-setzen.

Venus in Widder im 8. Haus legt über die Fähigkeit, Kontakte zu knüpfen und neue Beziehungen gut eingehen zu können, einen dunklen Schatten. Das 8. Haus steht für Tod, Jenseits, schwere Krankheiten und tiefe Leiden. Das könnte bedeuten, dass jemand zwar ständig neue Leute kennen lernt, dass das aber oft düstere, tragische Gestalten sind. Vielleicht lernt er nur sehr schwierige o-der schwer kranke Menschen kennen. Oder er leidet an seinen neuen Kontakten, in dem er selbst darüber krank wird. Oder einige Menschen seiner neuen Kontakte sterben, bevor die Beziehung lange dauern kann. Oder jemand leidet an den vielen Streits in sei-ner Beziehung so sehr, dass er/sie psychisch krank und deprimiert wird davon

Das Thema Venus in Widder im 9. Haus ist hingegen eher heite-rer. Hier lernt jemand auf Reisen schnell neue Leute kennen. Viel-leicht gründet er/sie auch Reisegruppen oder verliebt sich im Ur-laub öfter. Außerdem schätzt so jemand geistigen Austausch in Beziehungen sehr, er besucht vielleicht Philosophiezirkel.

Venus in Widder im 10. Haus heißt, dass jemand seine Kontakt-freudigkeit im Beruf nutzen kann. Er/sie kann leicht Kontakte knüpfen, die ihm im Beruf weiterhelfen. Er/sie kann sich vielleicht mit Kollegen fair streiten und auseinandersetzen. Vielleicht gehört es sogar zum Beruf, sich für andere zu streiten oder Streit zu schlichten. So eine Kombination würde z.B. gut zu einer juristi-schen Laufbahn passen.

Venus in Widder im 11. Haus zeigt den Einfluss im Bereich Wahlverwandtschaften und Freundschaften an. Jemand mit dieser Kombination hat wahrscheinlich einen großen Freundeskreis, lernt schnell neue Leute kennen, aber die Kontakte sind vielleicht nicht so beständig. Das Thema Streit hat in Freundschaften einen guten und festen Platz, er/sie braucht Freunde, die auch etwas Streit aushalten und die ihm/ihr die Initiative bei freundschaftlichen Unternehmungen überlassen.

Venus in Widder im 12. Haus legt wieder einen Schatten über diese Planeten Tierkreis Kombination. Es ist auch wieder der Schatten des Jenseits, aber hier nicht im Sinne von Tod, Trauer und Krankheit, sondern im Sinne von Auflösung, tiefen Gefühlen und dem Übergang in die nächste Welt. Außerdem steht das 12. Haus für Institutionen. Jemand mit dieser Kombination lebt auf, wenn er /sie in Institutionen Kontakte knüpfen kann, z.B. im Krankenhaus, im Gefängnis, in einer großen Behörde. Vielleicht ist er/sie ein Sozialarbeiter/in, der gut mit den Gefangenen in Kontakt kommen kann. Vielleicht hat er/sie sich schon mehrmals bei Krankenhausaufenthalten verliebt. Es kann auch sein, dass es jemand ist, der/die gut Kontakte zu Themen des Lebensendes herstellen kann. Vielleicht führt er erfolgreich ein großes Bestattungsunternehmen und kann gut neuen Kunden die Angst vor dem Tod nehmen. Vielleicht ist es eine kontaktfreudige Altenpflegerin, die Menschen in ihren letzten Monaten das Leben noch so schön wie möglich machen will. Vielleicht ist es ein kontaktfreudiger Pfarrer, der sich in einem Krankenhaus auf Trauerarbeit und Sterbebegleitung spezialisiert hat.

Ich hoffe, du hast nun einen Eindruck gewonnen, wie sich die Bedeutung einer Planeten-Tierkreis-Kombination immer leicht verändert und auf andere Lebensbereiche hinweist, je nach dem, in welchem Haus sie liegt.

9 – Astronomie und Astrologie

Wenn du dich mit Astrologie beschäftigst, wirst du evtl. auch auf Unterschiede zur Astronomie stoßen. Ich setze Astrologie nicht als eine Naturwissenschaft gleich mit der Astronomie. Mir ist klar, dass nur noch die Astronomie heute die Kriterien einer modernen Naturwissenschaft erfüllt im Gegensatz zur Astrologie. Dennoch ist die Astrologie keine Buchwissenschaft oder Religion, wie die Bibel des Christentums, die ein für alle Mal festgeschrieben ist. Denn sie baut noch heute auf den aktuellen astronomischen Berechnungen auf und erweitert ihr Wissen, so wie die Astronomie sie erweitert. Mein Mann und ich sind begeisterte Hobbyastronomen, wir schätzen die moderne Astronomie sehr, und viele Astrologen verfolgen die Erkenntnisse der modernen Astronomie mit Neugierde und persönlicher Wertschätzung. Die meisten Astrologen schätzen die Astronomie, was umgekehrt meist nicht der Fall ist. Astrolog*innen brauchen doch die Erkenntnisse der Astronomie, um unsere Berechnungen durchführen zu können. Ich verfolge es mit Interesse, wenn hinter Pluto ein neuer größerer Himmelskörper entdeckt wurde und wenn die Astronomie diskutiert, ob es eher ein Kleinplanet oder noch ein richtiger Planet ist. Parallel zur astronomischen Forschung finden noch heute laufende astrologische Forschungsprojekte statt.

Die Astrologie ist eine Wissenschaft in dem Sinne, dass sie weiterhin Wissen sammelt und Wissen vermehrt, sie ist nicht bei ihrem Erkenntnisstand von vor 3000 Jahren stehen geblieben. Neu entdeckte Himmelskörper wie die größeren Asteroiden, die man vor 3000 oder sogar vor 50 Jahren noch nicht kannte, werden heute in die Deutung einbezogen und ihr Deutungsrahmen wird astrologisch erforscht. Die neueren, genaueren Berechnungen der Planetenbahnen werden von den Astrologen mit den Erkenntnissen der modernen Astronomie verbunden.

Kein ernsthafter Astrologe würde behaupten, der Zusammenhang von Planetenverläufen und dem Geschehen hier auf der Erde sei kausal.

Wir behaupten nur, bei bestimmten Planetenkonstellationen treten mit bestimmter erhöhter Wahrscheinlichkeit hier auf der Erde bestimmte ähnliche Ereignisse auf. Aber eben gleichzeitig und nicht kausal. Leider führt das Kausalbedürfnis vieler Menschen dazu, dass sie die Astrologie vereinfachend als kausal interpretieren. Das ist aber falsch. Der Zusammenhang erfüllt die Kriterien der Synchronizität, nicht der Kausalität. Der Begriff ist von C.G. Jung entwickelt worden, du findest weiter hinten im Buch einen Text dazu.

Vielleicht hast du auch schon gehört, die Astrologie würde falsch rechnen oder anders rechnen als die Astronomie. Das stimmt nur insofern, als die Astrologie die Berechnungen der Astronomie um zusätzliche Berechnungen ergänzt. Dazu ein Beispiel:

Der Aszendent im Horoskop ist das astrologische Tierkreiszeichen, das astrologisch in dem Moment aufgeht. Er kann exakt berechnet werden, aber die Berechnung der astrologischen Tierkreiszeichen ist eine andere als die der reinen astronomischen Gegebenheiten. Es wird natürlich nicht die Zeit verschoben, sondern die astrologischen Tierkreiszeichen sind zu den astronomischen verschoben. D.h. es kann im Jahr 1972 so gewesen sein, dass um 9:08 an deinem Geburtstag zwar astronomisch das Sternzeichen Widder aufging, aber astrologisch das Tierkreiszeichen Stier.

Der astrologische Tierkreis wird theoretisch jedes Jahr neu berechnet von dem Punkt an, wo die Frühlings-Tag-und-Nacht-Gleiche liegt. Dieser sogenannte Frühlingspunkt war vor 3000 Jahren, als die Astronomie und die Astrologie eine gemeinsame Wissenschaft waren, identisch und lag im Zeichen Widder. Heute sind der astronomische Sternkreis und der astrologische Tierkreis ca. um 1,2 Zeichen verschoben.

Leider wird aus diesem Grund die Astrologie oft abgelehnt, Nach meiner persönlichen Erfahrung mit mir selbst und den astrologischen Beratungen, die ich mache, funktioniert die Astrologie aber genau so und nicht anders. Es geht nicht, aus der einen Wissenschaft die Berechnung zu nehmen und aus der anderen Wissenschaft die Deutung, du musst bereit sein, den Sprung ganz in die Astrologie zu machen. Es funktioniert nach meiner Erfahrung nicht, nur astronomisch zu rechnen und dann dennoch astrologisch zu deuten.

Was bei beiden Berechnungen erhalten bleibt, ist das Verhältnis der Planeten zueinander, also eine Venus Sonne Konjunktion oder eine Mond Mars Opposition ist astronomisch und astrologisch identisch, sie wird aber astronomisch und astrologisch gesehen "in einem anderen Zeichen stattfinden".

Das hat den angenehmen Effekt, dass ich z.B. als zwei enge Freundinnen von mir jeweils ihre Kinder geboren haben, schon einen Teil des Horoskops der Kinder am Himmel sehen konnte. Da ich sehr intensiv mit den astrologischen Rhythmen lebe, freue ich mich auch immer, wenn ich die aktuellen Planetenkräfte am Himmel sehen kann. Der erste Blick auf Saturn durchs Fernrohr der Volkssternwarte war ein intensives Erlebnis für mich. Für mich ist es möglich, beide Wissenschaften mit Interesse zu verfolgen. Ich finde es allerdings immer ziemlich unfair, wenn die Astronomen auf die Astrologen schimpfen, denn beide Wissenschaften hatten die gleichen Wurzeln.

Im Artikel über den Mondkalender hatte ich das Thema ja auch bereits erwähnt. Da ist es im Grunde das gleiche: Es gibt astronomische Mondkalender, die werden in der biodynamischen Landwirtschaft manchmal genutzt, und es gibt astrologische Mondkalender, in denen der Mond gedeutet wird in Bezug auf die astrologischen Tierkreiszeichen. Die Zeitpunkte für Vollmond, Halbmond oder Neumond sind in beiden Kalendern identisch, da es vom Verhältnis von Sonne und Mond zueinander abhängt. Aber in welchem Zeichen der Vollmond zu sehen ist am Himmel astronomisch und wie er astrologisch berechnet und gedeutet wird, das ist verschieden.

10 – Das Solar

Wenn du Anzeigen von Astrolog*innen liest oder wenn du von Freundinnen hörst, die zur astrologischen Beratung waren, hörst du vielleicht etwas von deinem Solar. Deine Freundin sagt dann evtl. „In diesem Jahr habe ich einen Schütze-Aszendenten!" Was bedeutet das? Wechselt der Aszendent von Lebensjahr zu Lebensjahr?

Das ist keineswegs der Fall. Du behältst deinen Geburtsaszendenten dein Leben lang. Im Laufe des Lebens, so ca. um 40 Jahre herum, nimmt jedoch der Einfluss des Aszendenten etwas ab und der Einfluss deiner Geburtssonne zu.

Was die Astrologen jährlich neu ausrechnen, ist das Solar. Es gibt eine Tradition in der Astrologie, die jedes Jahr zu deinem Geburtstag ein neues Horoskop errechnet und zwar auf den Zeitpunkt, wann die Sonne aktuell wieder exakt auf der Geburtsposition deiner Sonne steht. (Im Übrigen ist das natürlich eine gute Gelegenheit für Astrolog*innen, immer wieder neu Geld zu verdienen!) Dieses Geburtstagshoroskop nennt man Solar, es hat meistens einen anderen Aszendenten als dein Geburtshoroskop. Dennoch ist die Bedeutung eines solchen Solars begrenzt, es ist eher so ein Engel für dein neues Lebensjahr. Niemand würde behaupten, dass du dadurch den Aszendenten, den du bei deiner Geburt hast, wechselst oder gar verlierst. Das Solar ist eher ein kleines Orakel für das neue Lebensjahr, was bei deinem aktuellen Geburtstag beginnt.

Ein konkretes Beispiel: Jemand hat einen Geburtsaszendenten Wassermann. Dann wird er/sie wahrscheinlich sein Leben lang gerne reden, lesen, evtl. auch viel schreiben, und die Kraft der Worte bewusst einsetzen. Das bleibt sein/ihr Leben lang so. Wenn er/sie nun z.B. am 23. Geburtstag ein Solar errechnen lässt und dieses Solar hat einen Aszendenten Schütze, dann würde jeder Astrologe erwarten, dass er/sie z.B. bis zu seinem 24. Geburtstag einige Reisen unternimmt. Aber er verliert seinen Geburtsaszendent dadurch nicht.

Ich persönlich kann Solare ausrechnen und teilweise deuten, arbeite aber in einer aktuellen astrologischen Beratung lieber mit der Deutung der aktuellen Transite. Ich selbst erlebe es oft so, dass Personen zu mir in die Beratung kommen, wenn sie gerade Transite haben. Wenn jedoch jemand den ausdrücklichen Wunsch nach einem Solar hat, berechne ich es, und ich berechne es aus Neugierde auch jedes Jahr rund um meinen Geburtstag.

Transite machen sich im Leben vieler Menschen deutlich bemerkbar. Wenn ein aktueller Planet über einen wirksamen Punkt im Geburtshoroskop läuft, nennt man das Transit. Viele Menschen kommen genau dann in die astrologische Beratung, wenn sie Transite haben. Manche sind ganz flüchtig und kurz, wie im Mondkalender, manche dauern Jahre.

Es gibt viele verschiedene Anlässe, warum Menschen zu*r Astrolog*in gehen. Manche machen es, um sich selbst besser kennen und verstehen zu lernen. Andere, weil sie in einer Lebenskrise sind. Wieder andere, weil sie vor einer Entscheidung stehen oder weil sie neue Impulse für ihr Leben oder ihren Beruf erhalten wollen.

11 – Theoretische Punkte der Mondumlaufbahn

11.1. Der Mondknoten

Der Mondknoten ist ein Begriff aus der Astrologie, er wird bei Horoskopen zusätzlich zu Planetenstellungen und Häusersystem berechnet. Der Mondknoten ist ein theoretischer Punkt der Mondumlaufbahn. Genauer gesagt, sind es zwei Punkte, die sich immer genau gegenüber liegen, der aufsteigende und der absteigende Mondknoten. In der Deutung zeigt der aufsteigende Mondknoten einen leicht bewusst zu machenden Bereich an und sagt etwas über unsere Kontaktfähigkeit aus. Der aufsteigende Mondknoten zeigt an, wie wir auf Dinge bewusst zugehen, bewusst Kontakt aufnehmen. Personen mit Mondknoten im 1. Haus wirken oft auf alle Personen sehr verbindlich und kontaktfähig. Der absteigende Mondknoten zeigt oft eher unbewusste Bereiche an und wie wir etwas innerlich loslassen, sozusagen wieder ins Unbewusste zurück sinken lassen. Die Achse der beiden Mondknoten kann aber auch karmisch gedeutet werden: Dann zeigt der aufsteigende Mondknoten eine Energie an, die dir in diesem Leben noch nicht so vertraut ist, die du aber in diesem Leben entfalten sollst, während der absteigende Mondknoten eine Energie / ein Thema anzeigt, dass dir aus früheren Leben sehr vertraut ist, von dem du dich aber in diesem Leben eher lösen sollst.

Das Zeichen, in dem der aufsteigende Mondknoten steht, ist uns daher nicht immer sofort so gut zugänglich, wie das Zeichen, in dem der absteigende Mondknoten steht.

11.2. Lilith

Lilith ist ebenfalls ein theoretischer Punkt der Mondumlaufbahn und nicht, wie oft gemeint, ein „schwarzer Mond". Das Bild vom schwarzen Mond ist eher eine Metapher, denn es geht hier um dunkle Seiten der Weiblichkeit. Lilith kann, wenn sie markant steht, auf ein verstärktes Auftreten typischer Frauenkrankheiten hinweisen. Lilith am AC oder im 8. Haus ist meist ein Hinweis auf heftige Menstruationsbeschwerden. Lilith im 8. Haus ist oft ein Hinweis auf Fehlgeburten oder Abtreibungen und auf Hindernisse, die klassische Frauenrolle als Mutter anzunehmen. Für Lilith gibt es noch sehr viele unterschiedliche Berechnungen, so dass die Ephemeriden dazu etwas unterschiedlich und schwankend sind. Die wohl besten Ephemeriden sind die von Koch und Rindgen herausgegebenen (im Selbstverlag von Bernhard Rindgen erschienen).

Eine markant gestellte Lilith deutet auf einen engen Bezug zum Archetypus der wilden, ungezähmten Frau hin. Also auf eine Frau, die sich gegen die klassische Frauenrolle auflehnt, oder auf einen Mann, der unter dem Einfluss eines solchen Frauenbildes steht. Nach der Mythologie war sie vogelähnlich, hatte Krallen. Sie wurde im persischen Raum als Göttin verehrt und soll ihre eigenen Kinder gemordet oder sogar gefressen haben. In der apokryphen Überlieferung neben der Bibel galt sie im Alten Testament als erste Frau Adams, die sich ihm nicht unterordnen wollte. Lilithbetonte Frauen können die klassische Femme fatal sein, die einen starken Charme auf Männer haben, aber sich schwer hingeben und die Kontrolle schwer abgeben können.

Bestimmte Stellungen der Lilith (im 4. Haus z.B.) können auch auf traumatische Erlebnisse hinweisen, so dass z.B. durch sexuellen Missbrauch in der Familie der Zugang zur klassischen Frauenrolle erschwert wurde. Kombinationen von Lilith und Mond können auf eine sehr dominante, Femme fatal artige Mutter hinweisen, die der klassischen Mutterrolle nicht nachkam und daher das Frauenbild der Tochter oder des Sohns völlig anders geprägt hat.

In einer karmischen Deutung steht Lilith für starke unerfüllte Wünsche aus einer früheren Reinkarnation, die so heftig waren, dass wir trotz der karmischen Verlöschung der Persönlichkeit daran festgehalten und sie in dieses Leben mitgeschleppt haben. Lilith zeigt daher sehr starke, tiefe, unerfüllte oder schwer erfüllbare Verwirklichungswünsche an.

11.3. Priapus

Wie der Mondknoten, so hat auch Lilith einen Gegenpol, er wird nach dem lateinischen Gott Priapus benannt. Da es lange keine guten Ephemeriden für Lilith gab, wurde auch der Gegenpol lange falsch berechnet. Ernst Koch und Bernhard Rindgen (Lilith und Priapus – Die „Schalen" des Menschen, Verlag der häretischen Blätter) haben neue Ephemeriden entwickelt, die Priapus dann auch der astrologischen Deutung und Forschung zugänglich machten. Priapus wird in vielen antiken Fresken dargestellt als ein Phallusgott, also mit sehr großem, erigierten Penis. Priapus steht daher für eine stark sexualisierte Verzerrung der männlichen Rolle, für sexuell stark aufgeladene männliche Charaktere oder für Menschen, die sehr stark von sexuellen Phantasien geplagt oder geleitet werden. Ebenso kann er für Don Juan artigen Lebensstil (oder Wunschträume!) beim Mann stehen. In Kombination mit Saturn finden sich oft sado-masochistisch eingefärbte sexuelle Verirrungen oder eine Kombination aus sehr starken erotischen Wünschen bei gleichzeitig sehr strengem, moralischen Verbot, sie zu leben.

Nicht alle astrologischen Berechnungsprogramme zeigen Lilith an, Priapus erscheint in kaum einem Programm.

12 – Was ist Synchronizität?

In Ritualkreisen, beim Tarot Legen, bei der Nutzung der Astrologie wird mit der Vorstellung von Synchronizität gearbeitet. Es kann aber auch bei der Durchführung eines Gruppenorakels ganz offensichtliche zeitlich synchrone Effekte geben. Wir haben einmal gemeinsam eine Legung mit den Lenormand Karten gemacht und als es um die Deutung einer bestimmten Karte ging, fragte ich die Frau, ob sie denn gar keine Vorstellung hätte, wer damit gemeint wäre. Sie druckste herum, in dem Moment klingelte ihr Handy. Die Person, um die es ging, rief an, denn sie hatte vergessen, ihr Handy vor dem Ritual auszuschalten. Wir mussten sehr lachen und konnten dann offen sprechen.

Es ist auch möglich, dass im Ritual ein Bild von der Wand fällt oder ein Kelch zerbricht und dass dieses Ereignis auf tiefere Prozesse im Ritualkreis hinweist. Das kann für einen ersten Moment erschrecken, dennoch rate ich davon ab, darin das Wirken von Poltergeistern oder ähnlichem zu erkennen. Der Fall liegt meist viel einfacher in der Deutung der Situation durch die Personen, die die Situation erleben.

Als ich anfing, mich mit Orakeln wie z.B. Astrologie und Tarot zu beschäftigen, stieß ich irgendwann auch mal auf den Begriff. Für die meisten Anfänger der Astrologie oder des Tarot ist Synchronizität erst einmal ein unverständliches Fremdwort. Synchronizität geht als Begriff auf C.G. Jung zurück. Es ist gebildet aus dem altgriechischen Wortstamm „syn" für „zusammen, mit" und „chronos" für „Zeit". C. G. Jung war neben Sigmund Freud einer der großen Urväter der Psychologie und der Psychoanalyse. Im Gegensatz zu Sigmund Freud war aber C.G. Jung der spirituellen Dimension des Lebens zugewandt und hat in seinen Therapien auch mit Orakeln gearbeitet. Synchronizität wird oft im Gegenteil zur Kausalität gesehen. Kausalität heißt Ursächlichkeit im Sinne eines Zusammenhangs, bei dem ein Ding die Ursache eines anderen ist. Das heißt auch immer, wenn das eine geschieht, folgt das andere. Mit Synchronizität wird ein zunächst rein zeitliches Zusammentreffen zweier Ereignisse bezeichnet. Dabei ist keines der Ereignisse die Ursache des anderen, aber dieses zeitliche Zusammentreffen ergibt für denjenigen, der es beobachtet, einen persönlichen Sinn.

Kausalität ist z.b. sehr häufig in den Naturwissenschaften, wie z. B. das Gesetz der Gravitation. Solange du im Anziehungsbereich der Erde bist, fallen die Äpfel immer zu Boden. Das ist kausal, ursächlich. Bei einer kausalen Beziehung folgt Ereignis A immer kurz danach auf Ereignis B oder Bedingung B, und A bewirkt B. Synchronizität ist nicht kausal, sondern ein alternatives Denkmodell. Astrologie baut wie Tarot auf dem Prinzip der Synchronizität auf.

Es ist leider ein weit verbreitetes Missverständnis, dass die Stellung der Gestirne in der Astrologie als Ursache für Ereignisse auf der Erde angesehen würde. Kein*e ernsthafte Astrolog*in würde das behaupten. Sondern die Stellung der Gestirne wird von Astrolog*innen wie eine Himmelsuhr angesehen, die die aktuell wirkenden Zeitkräfte anzeigt.

Nimm dafür folgendes Beispiel: Wenn du z.B. um 7 Uhr gefrühstückt hast, wirst du um die Mittagszeit irgendwann Hunger bekommen. du findest es dann ganz logisch, wenn du um 13 Uhr auf die Uhr siehst, dass du feststellst, du hast Hunger. Aber du würdest die Uhrzeit „13 Uhr" nicht als Ursache für deinen Hunger ansehen. So ist es auch mit den Horoskopen. Mit der Uhrzeit und den Gestirnstellungen, unter denen du geboren wurdest, steigt die Wahrscheinlichkeit, dass du zu anderen Zeitpunkten deines Lebens bei anderen oder ähnlichen Gestirnstellungen bestimmte Erfahrungen machen wirst. Die Stellungen der Planeten sind aber nicht die Ursache dafür. Wir Astrolog*innen wissen nicht, was die wahre Ursache dahinter ist, wir sammeln, beobachten und deuten die Ereignisse nur. Hinzu kommt, dass die Vorhersagen, die die Astrologie macht, bildlich sind und symbolisch.

Nicht immer, wenn du einen Mars-Transit hast, geschieht z. B. ein Unfall. Es kann auch eine Begegnung mit einem neuen Mann oder eine neue Entdeckung deiner männlichen Kraft gleichzeitig geschehen. Es gibt eine erhöhte Wahrscheinlichkeit, dass gleichzeitig mit bestimmten Planetenbewegungen oder gleichzeitig mit bestimmten gezogenen Tarotkarten bestimmte persönliche Lebenserfahrungen auftreten. Aber der Mars-Transit ist nicht die Ursache dafür, dass diese Dinge passieren. Wenn du die Tarot-Karte „Der Tod" ziehst und gleichzeitig stirbt etwas in deinem Leben oder verändert sich radikal, ist die Tarotkarte keine Ursache für dieses Ereignis. Sondern die Tarotkarte tritt in enger zeitlicher Nähe zu dem Ereignis auf und dieses Zusammentreffen hat für die Person, die die Karte zieht, eine persönliche Bedeutung oder einen bestimmten Sinn.

Akausalität ist das Gegenteil zur Kausalität aus der Sicht von Menschen, die nur die Kausalität als einzig logische Wirkbeziehung zu lassen. So ist es in den strengen Naturwissenschaften. Etwas ist akausal oder kausal, was immer am Grad der experimentellen Nachweisbarkeit liegt. Alles, was in der Naturwissenschaft nicht experimentell als kausal nachweisbar ist, ist akausal oder eben zufällig. Der Gedanke vom Zufall ist in der Geschichte der Menschheit sogar relativ neu. Er ist verbreiteter geworden mit den Entdeckungen wissenschaftlich nachweisbarer, kausaler Zusammenhänge. Diese kausalen Zusammenhänge haben das Wissen um andere Zusammenhänge im Bewusstsein vieler Menschen verdrängt. Das führte dazu, dass andere Zusammenhänge mehr und mehr als zufällig angesehen wurden.

Der Gedanke der Synchronizität ist ein anderer, er steht außerhalb der Logik von Kausalität oder Zufall. Synchronizität lässt sich im Experiment nicht nachweisen und nicht künstlich erzeugen oder beliebig oft wiederholen. Es ist oft ein einmaliges persönliches

Erlebnis, bei dem für die betreffende Person inneres Erleben und äußeres Erleben zusammenfällt und die Person darin einen persönlichen Sinn erlebt.

So kann es z.b. sein, eine Frau denkt über eine Trennung nach, ihr zerbricht dabei ein Teller beim Spülen und ihr wird klar, dass die Trennung wirklich nötig ist, weil ihre Ehe zerbrochen ist. Dieses Erlebnis ist nicht kausal erklärbar, daher könnte ein Naturwissenschaftler auch sagen, es ist akausal. Akausal ist damit das Gegenteil von Kausal und heißt einfach „nicht ursächlich". Akausal würde nämlich nur bedeuten, dass es aus Sicht eines Naturwissenschaftlers gar keinen kausalen Zusammenhang gibt zwischen dem zerbrochenen Teller und den Trennungsgedanken. Allerdings ist es aus der Sicht der Esoterik falsch, zu sagen, es gäbe "gar keinen Zusammenhang" zwischen dem zerbrochenen Teller und den Trennungsgedanken. Akausal oder Zufällig ist das Ereignis nur gesehen aus der engen Denkschiene kausal oder nicht. Für die Person, die das Ereignis erlebt, kann jedoch aus dem Erlebnis ein tiefes Gefühl der Klarheit oder Betroffenheit entstehen, weil das Ereignis für sie eine bestimmte Symbolik hat. Für diese eine Person mit den Trennungsgedanken erhält der zerbrochene Teller einen tieferen Sinn. Um einen anderen Begriff zu haben, der diese Zusammenhänge beschreiben könnte, die aus dem Erleben der Person entstehen, hat C.G. Jung den Begriff Synchronizität eingesetzt.

Die Vorstellung von Synchronizität basiert auf dem Vertrauen, das alles mit allem verbunden ist. Der esoterisch denkende Mensch geht davon aus, dass es viel weniger Zufälle gibt, als die Naturwissenschaftler so denken. Manche Esoteriker*innen würden sogar so weit gehen, zu sagen, es gäbe gar keinen Zufall, aber das ist wieder eine andere gedankliche Extremvorstellung.

Bei der Vorstellung der Synchronizität gilt der esoterische Lehrsatz innen wie außen und oben wie unten. Was heißt das? Vor allem heißt es: Es werden dabei andere Verbindungen außerhalb der kausalen Denkschiene akzeptiert. „Oben wie unten" kann zum

Beispiel heißen: Wie oben in den Sternen, so unten auf der Erde. Der Satz deutet aber auch auf das kleine Wunder hin, dass der ganze menschliche Körper unten auf der Fußsohle in den Fußreflexzonen noch einmal abgebildet ist. Der Satz „Innen wie außen" weist darauf hin, dass wir oft in der äußeren Welt nur die Dinge erkennen können, die wir innerlich bereit zu akzeptieren sind. Für den Esoteriker ist die äußere Welt oft eine Spiegelung der inneren Welt und umgekehrt. An einem Tag, an dem ich innerlich mit etwas hadere, werde ich mich auch äußerlich mit anderen Menschen mehr in Streit und Hader verwickeln als an einem Tag, an dem ich innerlich Frieden und Gelassenheit spüre.

So kann es passieren, dass ein Ereignis, der zerbrochene Teller, das für den einen Menschen ganz sinnlos und zufällig wirkt, für einen anderen Menschen einen tieferen Sinn bekommt, weil er innerlich mit einem verwandten Thema befasst ist. Dieser Sinn kann dem einen konkreten Menschen helfen, sich über seine Trennungsabsichten klarer zu werden, weil das Ereignis ihn emotional tief berührt hat.

Wenn wir Tarotkarten legen oder die Gestirnstellungen befragen, hoffen wir, mehr Klarheit über innere Fragen zu erhalten, indem wir die Karten oder die Sterne als äußeren Spiegel nutzen. Dabei kann die gleiche Karte bei verschiedenen inneren Fragen von verschiedenen Personen gezogen eine leicht andere Spiegelwirkung entfalten. Dennoch gibt es eine für alle Legesituationen gemeinsame Grundbedeutung der Karten. Wenn ich manchmal fremden Leuten erzähle, dass ich mit Tarot Menschen berate, höre ich hin und wieder den Satz: „Glaubst du etwa daran?" Da ich seit langem weiß, dass Tarot funktioniert, verwundert mich der Satz immer wieder. Ich habe nicht das Gefühl, dass ich dabei an etwas glauben muss. Ich habe es oft genug erprobt, um zu wissen, dass es funktioniert. Gemeint ist aber oft die Frage: „Glaubst du daran, dass es nicht zufällig ist, welche Karten gezogen werden?" Die korrekte Gegenfrage wäre dann eigentlich: „Glaubst du, dass alles zufällig ist, was dir passiert?" Das könnten wohl die wenigsten Menschen bejahen.

Um die Erfahrung der Synchronizität zu machen, ist es für manche streng naturwissenschaftlich orientierte Menschen vielleicht wirklich nötig, sich vom Gedanken an Zufall und reine Ursache-Wirkungs-Beziehungen zu lösen und sich darauf einzulassen, dass es in diesem Universum noch einige andere Zusammenhänge gibt. Dennoch gibt es Ereignisse von Synchronizität, die auch hartgesottene Rationalisten in ihrer spontanen Symbolik beeindrucken. In der Regel kann man bei den meisten Menschen in unserer Kultur bei zerspringendem Glas oder zerbrechenden Spiegeln eine gewisse Scheu beobachten. So tief verwurzelt ist die Vorstellung, dass damit auch etwas anderes zersprungen sein könnte. Ein naturwissenschaftlicher Mensch wird jedoch versuchen, so etwas schnell wieder abzuschütteln und als „Aberglauben" abzutun. Sich der Erfahrung von Synchronizität zu stellen, ist kein Aberglaube, sondern kann das Leben um einige Erkenntnisse und hilfreiche Vorahnungen bereichern. Dennoch ist es nicht ratsam, jedes kleinste Ereignis des Lebens auf seine tiefere gleichzeitige Bedeutung zu prüfen. Es kann auch mal etwas einfach so kaputt gehen, was dann eben leider repariert werden muss, und damit meistens nervig und lästig ist. Aber nicht jeder Bruch und jeder Unfall oder Stolperstein will uns einen tieferen Sinn mitteilen. In der Regel erschließt sich Synchronizität spontan im Erleben, wenn die Parallele zwischen innerem und äußerem Erleben offensichtlich und vor allem als starkes Gefühl spürbar wird.

Ein statistisch bewanderter Mensch könnte natürlich über 3000mal eine Stichprobe aus dem Tarotkartenstapel ziehen und damit nachweisen, dass jede Legung gleich wahrscheinlich ist. Im Orakel erlaube ich es mir, nur einmal zu ziehen und mich dem Zauber der Bedeutung dieser einmaligen Legung zu überlassen. Dabei verpflichte ich mich zugleich, nicht vor der Legung auszuweichen, also nicht erneut und erneut zu ziehen, wenn die Karten der ersten Legung schwierige oder unangenehme Themen aufzeigen. In der Anfangsphase des Tarot Erlernens hat aber fast jede mal diesem Impuls nachgegeben und dabei die ernüchternde Erfahrung gemacht, dass das Tarot weiser ist. Es gibt genug Karten im Tarot, die eine ähnliche Bedeutung haben und mit anderen Bildern ähnliches ausdrücken können. Wer einmal in der Hoffnung auf eine mildere Botschaft nach dem Turm die Schwert 10 gezogen hat, lässt es nicht mehr auf einen dritten Versuch ankommen, sondern stellt sich hoffentlich der Erfahrung, die offensichtlich nötig ist.

13 – Wie finde ich eine gute Astrologin?

Es gibt heute sehr viele verschiedene astrologische Angebote auf dem Esoterikmarkt. Ich persönlich ziehe immer noch das persönliche, direkte Gespräch vor. Es gibt einen völlig unüberschaubaren Markt von Anbietern, die digital beraten oder telefonisch, nach Minuten abrechnen oder nach Klicks, die die Homepages, Hotlines, Astro TV und ähnliches bevölkern. Meine Meinung ist, du kannst gerne im Internet suchen, aber ich würde es bevorzugen, nach einem kurzen Telefonat die Person persönlich zu treffen. Eine gute, individuelle Beratung braucht etwas Vorbereitung. Ich muss das Horoskop ausrechnen, ich muss mich auf die Sitzung vorbereiten, es schon vorher in Ruhe etwas ausdeuten. Wenn die ratsuchenden Menschen keine Tonaufzeichnung wollen, muss ich sogar vorher ein, zwei Stunden schriftlich arbeiten. Dass so eine gute persönliche astrologische Beratung einen anderen Preis hat als eine Hotline, bei der ich in wenigen Minuten ein paar nebulöse Sätze erfahre, sollte klar sein.

Eine gute Astrologin, ein guter Astrologe, sollte den Unterschied zwischen Wahrsagen und Hellsehen kennen. Ich kann Kräfte, günstige und ungünstige Umstände und Zeitzonen erkennen, aber ich kann nicht so gute, punktgenaue Vorhersagen machen wie eine echte Hellseherin. Dazu folgt gleich noch eine Übersicht über mögliche Fragen.

Eine gute Astrologin kombiniert Astrologie mit den Erkenntnissen der Psychologie. Bestimmte Lebensmuster werden selten durch Handauflegen oder Räucherungen abgelegt, sondern meistens erfordern sie, einige Jahre in einer Psychotherapie an sich zu arbeiten.

Mir ist es schon einmal passiert, dass eine junge Frau zu mir in die astrologische Beratung kam und am Ende allen Ernstes wissen wollte, wann sie jetzt endlich ihren Märchenprinzen kennenlernt und woran sie ihn erkennt. Auf meine Antwort, sie habe ein chronisches Beziehungsmuster und müsste das wohl therapeutisch bearbeiten, reagierte sie erbost. Sie hätte nicht erwartet, bei einer Psychologin zu landen, wenn sie astrologische Beratung sucht, meinte sie entsetzt. Das kann also auch passieren…

Weitere Möglichkeiten, eine gute Astrologin oder einen guten Astrologen zu finden, sind Aushänge in Esoterikläden, Esoterikmärkte oder eben gute Empfehlungen von Freundinnen.

14 – Welche Fragen sind für Astrologie oder Tarot geeignet?

Welche Fragen sind für die Tarotbefragung geeignet, welche eher für Astrologie? Wann ist es besser, eine andere Orakelmethode zu wählen oder die Fragen ganz anders zu klären?

Wann sollte ich Tarot nutzen? Wann gehst du sinnvoll zu einer Astrologin? Was ist der Unterschied zwischen Alltagsfragen und Schicksalsfragen? Und wie gehört die Psychologie dazu? Natürlich legst du nicht Tarot, um zu entscheiden, was du morgens anziehst oder ob du deine Schulaufgaben machst. Mit solchen Fragen wäre Tarot unterfordert. Es gibt viele Alltagsfragen, die wir tagtäglich ohne Tarot entscheiden. Für diese Fragen ist aber ein astrologischer Mondkalender gut geeignet. Die Frage, ob ich heute Wäsche wasche oder eher die Blumen umtopfe, kann ein Mondkalender gut unterstützend beantworten. In der Anfangsphase mit Tarot legst du evtl. öfter als nötig, um mehr zu üben. Genauso solltest du schwerwiegende Fragen, z.B. die Frage nach einer Abtreibung oder einer Psychotherapie oder die Frage "Hat mein Leben noch einen Sinn?" keinesfalls mit Tarot oder Astrologie zu lösen versuchen. Mit solchen sehr schicksalsschweren Fragen wären Tarot oder Astrologie überfordert. Aber die typischen Fragen für Tarot beziehen sich schon auf Entscheidungen in der Liebe, im Beruf, im längerfristigen Planen des Alltags.

Die folgende Auflistung und Zuordnung von Frageformen gehen von einer wahrsagerischen Nutzung von Tarotkarten und Astrologie aus. Für eine Person, die Tarot eher zur Unterstützung ihrer hellseherischen Fähigkeiten nutzt, stellen sich diese Fragen zur Anwendung vielleicht völlig anders.

Nicht für die wahrsagerische Befragung mit Tarot und Astrologie geeignet sind

- Fragen, die ein präzises Ereignis genau vorhersagen wollen, z.B.

Bekomme ich den Job oder nicht?

Gelingt mir die Beziehung oder nicht?

Wann bekomme ich eine neue Stelle?

Ist YX ein vertrauenswürdiger Geschäftspartner?

Soll ich die Aktien der Firma XY kaufen?

Was lauten die Lottozahlen vom kommenden Samstag?

Diese Art Fragen lassen sich nur mit hellseherischen, nicht mit wahrsagerischen Kräften klären..... Also entweder Geduld und abwarten oder ab zur Hellseherin...falls du glaubst, dass es das gibt?!

- Fragen, die sich auf anderem Wege besser klären lassen, z.B.

Bin ich schwanger? Dann mache einen Schwangerschaftstest!

Habe ich HIV? Dann mache einen Aids-Test!

Bin ich ein Adoptivkind oder das leibliche Kind meiner Eltern? Mache einen Vaterschaftstest mit einer vernünftigen Blut- und DNA-Analyse!

Bin ich allergisch gegen Katzenhaare oder Gräserpollen? Mach einen Allergietest bei eine*r guten Allergolog*in!

• Fragen nach der Abschätzung psychosomatischer Reaktionen wie z.b.

Enthält dieses Gericht im Lokal etwas, was ich wegen meiner Allergien nicht essen sollte? Oder: Werde ich dieses Waschmittel trotz meiner Allergien vertragen?

Oder: Werde ich dieses Medikament vertragen?

Manche Menschen klären diese Fragen mit einem Pendel, wenn kein Arzt oder Koch in der Nähe ist, den sie jetzt fragen könnten. Das kann schnell gefährlich werden, wenn du vom Pendel ausgetrickst wirst. Du kannst einen schweren allergischen Schock bekommen, der lebensbedrohlich ist, wenn du etwas isst, wogegen du allergisch bist.

• Fragen, die besser oder sogar nur in einem therapeutischen Prozess oder in einer guten Selbsthilfegruppe geklärt werden können, wie z.B.

Bin ich schwul?

Bin ich lesbisch?

Bin ich sexuell missbraucht worden?

Liebe ich meinen Mann wirklich noch?

Wie werde ich meine Angst- und Panikattacken los?

Wie überwinde ich meine Sucht?

Wie überwinde ich meine Essstörung?

Wie überwinde ich meine Angst vor einer liebevollen Beziehung?

Wie schaffe ich es, mich von meinen Eltern abzunabeln?

Fragen, die besser mit astrologischen Methoden geklärt werden sind z.B.

- Fragen nach Vorwegnahme eines Zeitpunktes,
- Fragen wann ein günstiger oder ungünstiger Zeitpunkt für ein Vorhaben ist , z.B.

Wie lange hält diese Krise noch an?

Wann ist ein günstiger Zeitpunkt für eine berufliche Veränderung?

Wann ist ein günstiger Zeitpunkt für eine Partnersuche?

- Fragen nach genauerer Beschreibung von Charakteren und Persönlichkeiten wie z.B.

Passt dieser Mensch gut zu mir, können wir uns gut ergänzen oder gibt es schwer überwindbare Spannungen zwischen uns?

Was sind die wichtigsten Probleme und Chancen in der Beziehung zwischen mir und meiner Mutter?

Habe ich ein ausreichendes Begabungs- und Verwirklichungspotential für einen bestimmten Beruf?

Fragen, die gut mit Astrologie und / oder Tarot geklärt werden können, wo beide Orakelsysteme genommen werden können oder sich gut ergänzen, sind Fragen ob jetzt der rechte Zeitpunkt ist für ein Vorhaben wie z.B.:

Ist jetzt der richtige Zeitpunkt.......

- für eine berufliche Veränderung?
- mich beruflich selbständig zu machen?
- mich von meine*m Freund zu trennen?
- eine neue Beziehung einzugehen?
- nach einer neuen Liebe zu suchen?
- mich zur Prüfung anzumelden?
- um umzuziehen?
- mir eine neue Wohnung zu suchen?

Ideale Fragen für das Tarot sind

• Fragen, die um eine spirituelle Führung bitten wie z.B.

Welche Energie brauche ich heute besonders? Oder: Auf was soll ich heute besonders achten? Eine gute Frage, um eine Tageskarte zu ziehen!

Was ist mein spirituelles Thema in diesem Jahr? Mit welcher spirituellen Kraft sollte ich mich eine Zeitlang auseinandersetzen? Ziehe eine Jahreskarte in den Rauhnächten oder an deinem Geburtstag!

Günstige Fragen für Tarot sind

• Fragen, die das Tarot einfach um eine genauere Spiegelung deiner jetzigen Situation bitten, wie z.B.

Worin liegen gerade jetzt meine Stärken und Schwächen?

Welche Energie steht mir zur Verfügung, was fehlt mir, was brauche ich?

Mit solchen Fragen bittest du das Tarot, dein Spiegel zu sein, um dich klarer zu sehen und zu spüren. Es wird dich selten im Stich lassen, wenn du um so eine Zustandsbeschreibung bittest.

- Fragen zur Wahl zwischen zwei Alternativen, z.B.

Soll ich mich beruflich selbständig machen oder noch eine Zeitlang angestellt bleiben?

Soll ich eine Berufsausbildung machen oder bis zum Abitur auf der Schule bleiben?

Bei einer Frage zur Wahl zwischen zwei Alternativen gibt das Tarot oft konkretere Anworten als die Astrologie.

Ungünstig sowohl für einen therapeutischen Prozess wie für das Tarot sind „Warum?" Fragen.

Es gibt ein Sprichwort dazu: „Das Warum bringt dich um!"

Mit Warum-Fragen quälst du dich wahrscheinlich sinnlos, es scheinen außerdem typisch menschliche Fragen zu sein, die die Anderswelt auch im Ritual oder Orakel selten beantwortet.

Also vermeide Fragen wie:

Warum hat er mich verlassen?

Warum ist mein Vater so früh gestorben?

Warum habe ich den Job nicht bekommen?

• Konstruktiver sind Fragen, die das Tarot bitten zu beschreiben, wie es zu der Situation gekommen ist, die du dir nicht erklären kannst, also z.B.

Wie kam es dazu, dass unsere Beziehung scheiterte?

Wie kam es dazu, dass ich den Job nicht bekommen habe?

• Noch sinnvoller sind Fragen, in denen du um einen Hinweis auf eine konstruktive Bewältigung der Situation bittest, z.B.

Wie kann ich jetzt mit der Trauer umgehen?

Wie soll ich mit der Trennung umgehen?

Wie soll ich das nächste Vorstellungsgespräch angehen?

Wenig hilfreich sind Fragen, in denen du über das Tarot einen Hinweis auf die Motivationen und Beweggründe anderer Menschen erhalten willst, also wieder die „Warum?" Fragen wie z.B.

Warum hat er mich verlassen?

Warum hat der Chef mir keine Gehaltserhöhung angeboten?

Warum nimmt meine Tochter Drogen und macht keine Therapie?

Warum lassen sich meine Eltern scheiden?

Diese Fragen sollten normalerweise in einem völlig normalen Konfliktgespräch geklärt werden. Tarot oder Astrologe ersetzen nicht das aufklärende Konfliktgespräch mit dem Chef, sind kein

Ersatz für eine gute Paartherapie, Familientherapie oder den Besuch einer Selbsthilfegruppe.

Denn du selbst kommst zur Tarot- oder Astrologieberatung und niemand anderes oder du selbst greifst zu den Karten, oder fragst nach den Sternen um etwas über dich zu erfahren. Du kannst selten eine andere Person mit den Karten herbei zitieren, die nicht im Raum ist und die Karten nicht anfasst, außer du oder die Kartenlegerin haben starke mediale und hellseherische Fähigkeiten.

Bei der Astrologie ist es sehr verführerisch, mit den Geburtsdaten eines anderen Menschen den Astrologen oder die Astrologin um eine Deutung zu bitten. Gute Astrologinnen lehnen es ab, das Horoskop eines anderen Menschen in seiner Abwesenheit auszudeuten.

Schwierig sind Fragen an das Tarot oder an die Astrologie, wenn du dich bereits innerlich entschieden hast, etwas bestimmtest zu tun, und von den Karten nur noch eine Bestätigung willst.

z.B. wenn du fragst, ob jetzt der richtige Zeitpunkt ist, dich zu trennen, obwohl du genau spürst, dass du noch gar nicht die Kraft hättest, eine Antwort, die in Richtung Trennung weist, auch anzunehmen, sondern wenn du nur willst, dass das Tarot dir rät, lieber noch etwas zu warten. Zum Tarot Legen gehört eine präzise Formulierung der Frage, die du stellen willst, und dann eine innere Überprüfung, ob du bereit bist, alle theoretisch möglichen Antworten zu hören. Also wenn du z.B. fragst, soll ich mich jetzt trennen, gibt es mindestens drei theoretisch mögliche Antworten:

1. Ja, alles spricht für eine Trennung,

2. nein, gib der Beziehung noch eine Chance und

3. ein ungewisses Bild, das sagt, warte noch etwas ab, die Zeit ist noch gar nicht reif für eine Entscheidung.

Nur wenn du für alle drei möglichen Antworten geistig offen bist, hat es Sinn, das Tarot oder die Astrologie auch zu befragen.

Abschließend gilt noch:

Je präziser die Frage an das Tarotorakel gestellt wird, umso besser sind deine Aussichten auf eine klare Antwort. Bei astrologischen Fragen ist hingegen eine größere Offenheit der Fragestellung sinnvoll.

Wenn du nur um eine Situationsbeschreibung bittest, obwohl dich eine konkrete Frage umtreibt, die du aber nicht zu stellen wagst, erhältst du auch oft nur eine Situationsbeschreibung. Vielleicht erhältst du mit viel Glück höchstens noch einen vagen Hinweis auf die Frage, die dich eigentlich beschäftigt. Habe den Mut, so genau wie möglich zu fragen, was du wissen willst, und vertraue auf die Kraft des Orakels.

Dennoch kann es auch bei einer klaren Frage passieren, dass das Tarot zu sagen scheint: „Belästige nicht das Orakel!" Im I Ging gibt es ein eigenes Muster dafür, im Tarot übernimmt die Karte „Das Rad des Schicksals" manchmal diese Funktion. Das ist ein Zeichen, dass du leider abwarten musst oder die Frage entweder zu banal war oder nicht aufrichtig oder zu früh gestellt worden war.

Eine weitere wichtige und sehr alte Wahrsagerregel ist außerdem, keine Fragen in der Beratung oder Selbstbefragung zu zulassen, die mit Tot, Tötung oder Suizid zu tun haben. Du solltest die Tarotkarten oder die Astrologie nie über Leben und Tod entscheiden lassen, also keine Fragen stellen, die suizidale Gedanken verstärken könnten oder Fragen über den Sinn und Abbruch einer Krebstherapie oder einer Abtreibung oder ähnliches. Diese Fragen sind für dich und dein Leben und das Leben anderer Menschen zu

existentiell und bedürfen einer ausführlichen ethischen und psy-
chotherapeutischen Beratung. Sie sollten auf keinen Fall durch Tarot oder Astrologie geklärt werden!

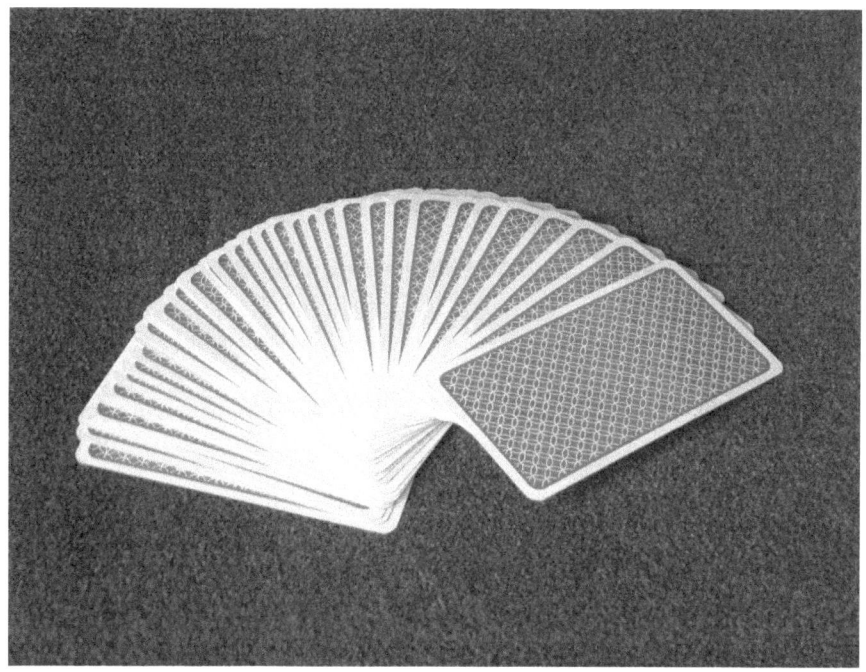

Ich hoffe, dieses kleine Einführungsbuch in meine astrologische
Praxis ermutigt dich, selbst anzufangen, Tarot oder Astrologie zu
lernen, oder meine Astrotipps weiterhin aufmerksam zu verfolgen.
Für Fragen erreichst Du mich unter monika_molitor@gmx.net

15 - Empfohlene Literatur und verwendete Quellen

Als Grundeinführung zu Planeten, Sternzeichen, Sonne, Mond und Aszendent im Horoskop:

Fritz Riemann: „Lebenshilfe Astrologie", schon 1976 im Pfeiffer Verlag erschienen, oft preiswert auf Flohmärkten oder in Antiquariaten erhältlich, dann unbedingt zugreifen!

Als Einführung in Aszendent und Häusersystem:

Howard Sasportas: „Astrologische Häuser und Aszendenten", 1987, Knaur Verlag

Als Einführung in das Thema „Der Weg vom Aszendenten zur Sonne":

Randolf M. Schäfer: „Der verborgene Sinn des Schicksals - mit Astrologie die Symbolik des Lebens entschlüsseln.", 1997, rororo Taschenbuchverlag, war eine Zeitlang vergriffen, jetzt als Neudruck im Urania Verlag unter dem Titel „Astrologie- Die Symbolik des Lebens" erschienen.

Gutes Nachschlagewerk: Hajo Banzhaf und Anna Haebler: „Schlüsselworte zur Astrologie", Kailash Verlag

Als Einführung in feministische Astrologie und in Rituale und Meditationen zu astrologischen Themen und Kräften:

Lusisa Francia: „Berühre Wega, kehr zur Erde zurück" , 1982, Verlag Frauenoffensive

Luisa Francia. Die Bärin im 11. Haus, 1997, Frauenoffensive

Ute Schiran, Sara-Ester Langen, Jade Kress u.a. „Mutterrecht der Sterne", Innahnah Verlag, 1985 (vergriffen)

Alle diese Werke feministischer Astrologie haben aber den Nachteil, dass sie im Grunde nur verständlich sind, wenn eine sich schon vorher mit klassischer Astrologie auseinandergesetzt hat. Sonst ist die bewusst verfremdete Deutung und Benennung der Planeten in Planetinnen oft schwer zu verstehen oder es entsteht ein sehr verzerrter Eindruck von der Planetenenergie.

Ein sehr gutes Buch (allerdings eher für Fortgeschrittene) über die Zusammenwirkung und bewusste Nutzung von Planetenenergien für Rituale incl. Nachschlagetabellen ist von

Thea und Alexander Kopitkow: „Sterne helfen Hexen" 2003 im Silberschnurverlag erschienen.

Der Klassiker zum Thema Mondkalender ist von

Johanna Paungger und Thomas Poppe: „Vom richtigen Zeitpunkt – Die Anwendung des Mondkalenders im täglichen Leben", 2. Auflage 1992 im Hugendubel Verlag

Ein sehr gutes Buch über die Deutung des Mondes im Geburtshoroskop ist im März 2004 von Randolf M. Schäfer erschienen: „Der Mond – Urbrunnen der Seele", Urania Verlag

Eher für Fachastrologen geeignet ist das Buch von Ernst Koch und Bernhard Rindgen: Lilith und Priapus – Die „Schalen" des Menschen, Verlag der häretischen Blätter.

16 - Über die Autorin

Monika Molitor ist im Jahr 1966 geboren, Sternzeichen Wassermann mit Aszendent Wassermann. Schreiben ist schon früh ihr Hobby gewesen. Sie lebt mit ihrem Ehemann ohne Kinder am Stadtrand von Frankfurt am Main. Hauptberuflich ist sie Psychologin und arbeitet im sozialen Bereich. Ihre spirituelle Grundausbildung in Frauenritualen und Tarot erhielt sie seit 1990 von Ziriah Voigt, in Astrologie von Bernhard Rindgen.

Seit 1992 lebt sie die Jahreskreisfeste, indem sie in selbstverwalteten Frauenritualkreisen eine an Wicca angelehnte Spiritualität praktiziert. Sie ging zwischendurch auch immer wieder mal einsame Wege. Seit 2001 ist sie ehrenamtlich im Internet als Mentorin für junge Frauen und Mädchen tätig, die sich für den Weg der Hexe interessieren. Sie begann, in verschiedenen Internetforen auf die Fragen von jungen Menschen zu antworten, die sich sehr ernsthaft und mit großem Wissensdurst für Wicca, Orakel, Magie, Astrologie, Tarot und andere Hexenthemen interessierten, aber oft noch zu jung waren, um in einen Ritualkreis oder Coven aufgenommen zu werden.

Parallel entwickelten sich viele Email-Brieffreundschaften mit jungen Menschen. So entstand im Laufe der Zeit eine Textsammlung speziell für „Junghexen". Sie berät in kleinem Umfang Frauen und Mädchen mit Tarot und Astrologie. Von 2004 bis 2012 leitete sie den Junghexentreff Frankfurt, aus dem viele Arbeitsmaterialien für Jugendliche entstanden sind. 2004 erschien ihr erstes Buch „Wicca-Magie für Junghexen", 2006 folgte „Wicca-Rituale für jeden Tag", beide sind im Silberschnurverlag erschienen.

Bei tredition erschien 2016 ihr Buch „Frauenritualkreise- Ein spiritueller Pfad". Über ihre Homepage www.frauenritualkreis-frankfurt.de ist die Autorin für Fragen und Beratungen erreichbar.

Monika Molitor

Frauenritualkreise

Ein spiritueller Pfad

Frauenritualkreise – Ein spiritueller Pfad

Ist von Monika Molitor im Verlag Tredition erschienen.

Ein Buch für Frauen, die eine an Wicca angelehnte Frauenspiritualität kennenlernen oder vertiefen wollen. Die acht Jahreskreisfeste werden ebenso erklärt wie alles, was Frauenritualkreise als menschliche Gruppen an Gruppendynamik beschäftigt und umtreibt.

Für ritualgeübte Frauen wie für Neueinsteigerinnen das ideale Buch, um Frauenrituale kennen zu lernen und sich zu fragen, ob frau eher als Hexe, als Priesterin oder als Frau unter gleichen Frauen agieren möchte.

Auch in diesem Buch werden Zusammenhänge zwischen Mondkalender und Gestaltung der Jahreskreisfeste aufgezeigt, außerdem viele praktische Tipps gegeben für die Gestaltung der Jahreskreisfeste.

Bestellbar direkt bei tredition oder bei amazon!

Zeitfracht Medien GmbH
Ferdinand-Jühlke-Straße 7
99095 Erfurt, Deutschland
produktsicherheit@kolibri360.de